I0407329

Dieses Buch ist ein Ergebnis langjähriger Forschungen auf den Gebieten der Wissenschafts- und Erkenntnistheorie, der Psychotherapie und der astrologischen Symbollehre. Gleichzeitig ist es ein sozialkritisches Buch, das sich gegen die Enthumanisierung in unserer Gesellschaft wendet. Doch es ist nicht nur kritisch, sondern zeigt dem einzelnen Menschen Wege, seine Selbsterkenntnis und seine Selbstbestimmung neu zu gestalten. Daher ist es auch ein Lehrbuch, eine Unterweisung.

Auf diesem Wege gebührt mein Dank dem Wissenschaftstheoretiker Prof. Dr. Thomas Burger, dessen langjähriger Assistent ich war.
Ferner Herrn Prof. Dr. Manfred Müller Küppers und Herrn Prof. Dr. Wolfgang Schluchter, durch deren Offenheit und Toleranz ich eigene Wege gehen durfte.
Meine über die Theorie hinausgehenden praktischen Erfahrungen habe ich Herrn Dr. med. Hans M. Jacobi zu verdanken, der mir sein Vertrauen entgegenbrachte und von dem ich viel lernen durfte.
Daher Dank auch meinen Patienten.

Letztendlich gilt mein Dank Herrn Franz Walser, der mein Buch mit liebevoller Sorgfalt überarbeitet hat.
Ravenstein-Ballenberg, im Sommer 1995

Inhalt

Einleitung 5

1. Eine wissenschaftstheoretische Reflexion 13

1.1 Die geschichtsphilosophischen Stadien der Erkenntnis
.... 14

1.2 Die wissenschaftstheoretische Entwicklung des
Positivismus 17

2. Eine erkenntnistheoretische Begründung der
astrologischen Symbollehre 28

2.1 Der klassische Behaviorismus 29

2.2 Die Psychoanalyse 33

3. Methode einer hermeneutischen Wissenschaft 38

4. Die Bedeutung der astrologischen Symbolik in der
Psychotherapie 46

4.1 Die psychodynamischen Wirkkräfte 46

4.2 Die Wirkkräfte als psychodynamische Wesensstruktur
.... 62

4.3 Die Wirkkräfte und die Leiblichkeit 80

4.4 Die strukturelle Bezogenheit des Einzelnen auf seine
Mitwelt 93

5. Die astrologische Psychodiagnostik als ontologische
Interpretation 102

6. Das psychodiagnostische Gespräch 146

7. Von der Freiheit des Menschen 157

7.1 Das soziale Subjekt 167

7 .2 Das soziale Individuum 169

7.3 Das transzendentale Subjekt 171

7.4 Das transzendentale Individuum 172

Literatur 181

Fußnoten 186

"Unwissenheit ist noch immer der Nährboden für Aberglauben und Vorurteil. Die Astrologie ist eine Wissenschaft im Auferstehen, die den erleuchtesten Geistern der Vorzeit Halt und Sicherheit in ihrem Erdenleben gab. Sie wussten wohl zu schätzen, was hier zu schätzen ist."

BO YIN RA, Okkulte Rätsel

1915 haben 186 führende Wissenschaftler der damaligen Zeit, darunter 18 Nobelpreisträger, ein Statement gegen die Lehren der Astrologie abgegeben. Der erste Satz dieser Stellungnahme lautet: "Wissenschaftler in verschiedenen Gebieten machen sich Sorgen über die zunehmende Popularität der Astrologie in vielen Teilen der Welt"

Wie sich nach einer Befragung durch einen Journalisten herausstellte, hatten diese Herren keine Ahnung, worüber sie überhaupt urteilten. Sie kannten lediglich ein paar Phrasen über diese Lehren und benutzten diese Phrasen als Argumente.

Als der journalistische Vertreter der BBC einige der Nobelpreisträger interviewen wollte, lehnten diese mit der Bemerkung ab, dass sie die Lehren der Astrologie nie studiert hätten und mit ihren Details nicht vertraut wären. Das hinderte sie aber nicht daran, den Gegenstand Astrologie öffentlich zu diffamieren.[1]

Einleitung

Der einzelne Mensch der heutigen Zeit, der sogenannten Moderne, leidet große Not. Mit seinem Leid ist er weitgehend allein, bleibt sich selbst überlassen, wird auf sich selbst zurückgeworfen. Es ist meist ein stilles Leiden, ein Leiden in der Isolation, der Einsamkeit. Dieses Leiden durchzieht sämtliche Altersgruppen unserer Gesellschaft; seien es die ganz Alten, die - durch Medikamente sediert - nur noch ihr Lebensende vor sich haben; seien es die voll "im Leben" Stehenden, deren Familien zerbrochen sind, die vor lauter Pflicht zu Arbeit, zu beruflichem Erfolg, Geldscheffeln, Stärkung ihres Sozialprestiges und Streben nach Machtpositionen sich selbst vergessen haben; seien es die Jugendlichen, die in ihrer Mehrheit praktisch orientierungslos in eine Gesellschaft hineinwachsen, die sich durch Vermittlung von Scheinwelten lediglich für die profitable Seite der Jugend interessiert; oder denken wir dabei an unsere noch ganz jungen Kinder, die bereits oft schon im Kindergarten, in der Vorschule, spätestens aber mit Schulbeginn, einem geradezu perversen Leistungsdruck unterworfen werden und in zunehmendem Maße an den Forderungen unserer sozialen Umwelt zerbrechen.

So ist die Zunahme an Selbstmorden, psychosomatischen Krankheitssymptomen, Kriminalität, Drogenmissbrauch etc. nicht das Leid selbst, sondern nur der Ausdruck eines tief innewohnenden Leidens, eines existentiellen Leidens.

Dieses stille Leiden zeigt sich in der täglichen psychotherapeutischen Praxis. Durch psychische Symptombildungen wird der Einzelne früher oder später gezwungen, eine solche Institution aufzusuchen, um sich über sein Leid, sich selbst und seine Umwelt besser bewusst zu werden. Häufig ist hier der Ort, an dem das Leiden offenbar wird und mit seiner ganzen Dynamik zutage tritt. Dabei zeigt sich immer wieder, dass trotz Erfolg, hohem Sozialprestige, Reichtum und Macht eine tiefe Sinnlosigkeit, weitgehende Isolation und mangelnde innere Ausgefülltheit von den Menschen empfunden wird.

Der Psychiater Viktor E. Frankl spricht in diesem Zusammenhang von einer kollektiven Neurose. Damit meint er eben jenes Sinnlosigkeitsgefühl, das sich anscheinend zunehmend des Menschen von heute bemächtigt. Er bezeichnet dies als "existentielles Vakuum".

Im Verlauf der therapeutischen Gespräche ist dann deutlich zu erkennen, dass bei den Patienten - gleich welcher Diagnose - ein großer Mangel an Selbstwahrnehmung gegeben ist, woraus sich natürlich ein völlig falsches Selbstkonzept entwickelt hat, das zu einer existentiellen Frustration führt.

Es sieht so aus, als ob sich der Mensch zunehmend an kulturellen Idealtypen orientiert und dabei nicht bemerkt, dass er sich dadurch in Widerspruch zu seiner eigenen Natur setzt. Er verfällt so in einen Konformismus, der ihm selber schadet.

Die Identifikation mit solchen vorgegebenen Ideal-Persönlichkeitsstrukturen hat notwendigerweise immer eine Verdrängung unerwünschter eigener Ich- Anteile zur Folge. Dies kann so weit gehen, dass sich neurotische Symptome herausbilden. Der sozio-kulturelle Anpassungs- und Leistungsdruck am Arbeitsplatz und in den sozialen

Beziehungen muss von daher in der psychotherapeutischen Behandlung als bedeutsamer Faktor
berücksichtigt und mit einbezogen werden.

Die Idealbilder, denen der Patient anhängt, haben sich
häufig sehr stark verfestigt. Es bereitet dann große
Schwierigkeiten, ihm bewusst zu machen, dass er zuerst
seine Einstellung zu sich selbst und seinen
Lebensverhältnissen ändern muss, um die neurotischen
Symptome zu beseitigen.

Als sozialwissenschaftlich reflektierter Psychotherapeut
und psychoanalytisch fundierter Sozialpsychologe hat man
im therapeutischen Prozess somit die Wechselbeziehung
zwischen Individuum und Gesellschaft als einen
wesentlichen Faktor angemessen zu berücksichtigen.

Die Psychotherapie ist längst nicht mehr nur eine Disziplin
der Medizin, wie es bei Freud noch der Fall war. Sie
umfasst vielmehr alle Erlebnisbereiche menschlicher
Handlungen und muss daher im Rahmen einer
Handlungstheorie betrachtet werden.[2]

Es genügt nicht, Symptome lediglich zu beschreiben, sie zu
kategorisieren und medikamentös zu behandeln. Es
müssen darüber hinaus Sinnzusammen- hänge aufgezeigt
werden, die zu den verschiedenen Symptom-Bildungen
führen.

Neurotische Störungen sind keine göttlichen Strafgerichte.
Sie entwickeln sich im jeweiligen Lebensverlauf aus der
Wechselbeziehung zwischen Individuum und sozialer
Umwelt. Mutter und Vater sind dabei als Träger und

Vermittler gesellschaftlicher Forderungen zu sehen, ebenso wie Familie, Schule und andere Institutionen. Die Zeitepoche, in der wir leben, ist durchzogen von Krisen, die sich nicht nur im ökologischen Bereich zuspitzen, sondern die westlichen Industriegesellschaften ganz und gar, in allen Bereichen durchdringen. So auch die gegenwärtige Wissenschaft, die immer stärker mit Kritik konfrontiert wird. Dabei geht es primär darum, dass naturwissenschaftliche Erkenntnisse zu Folgen führen, eine Eigendynamik entwickeln, deren nachteilige Ergebnisse weder abzuschätzen noch aufzuhalten sind.

Durch die Spezialisierung der Wissenschaften ist eine Unüberschaubarkeit des Wissens entstanden, für dessen vernünftige Anwendung eine verantwortungsvolle Überprüfungsinstanz fehlt.

Die wissenschaftliche Rationalität hat nicht nur Verfügungswissen geschaffen, sondern auch auf die Lebenswelt des Subjekts eingewirkt. Sie ist jedoch nicht in der Lage, ein Orientierungswissen zu übermitteln, das ethisch-moralische Fragen zu klären vermöchte. So kam es zu einem Traditionsverlust. Es zeigt sich, dass die "aufgeklärten" Naturwissenschaftler hier an ihre Grenzen stoßen.

Ethisch-moralische Qualitäten haben ihre Inhalte aus historisch-kulturellen Quellen, die daher einer geisteswissenschaftlichen Zugangsweise bedürfen. Nur so kann der Traditionsverlust ausgeglichen werden.

Die Einwirkung der wissenschaftlichen Rationalität hat zur Folge, dass dem Subjekt diese ethisch-moralische

Orientierung verlorengeht. Es ist nicht verwunderlich, dass die in dieser Hinsicht bestehende gegenwärtige Krise nun auch die kleinste Einheit unserer Gesellschaft erreicht hat, nämlich den Menschen selbst.

Dies zeigt sich ganz deutlich in den enormen Zuwachsraten der Inanspruchnahme psychotherapeutischer Hilfe. Hier suchen Menschen einen Weg aus ihrer Misere, im freigesetzten Individualitätskult eine Orientierung am wahren Selbst - was sich auch äußert in der Hinwendung zu mystischen und esoterischen Lehren als einer Quelle abhanden gekommener Qualitäten des eigentlichen Seins.

In der Umweltforschung hat man längst erkannt, dass die Gefährdung vieler Pflanzen- und Tierarten, der Verlust ihrer Einzigartigkeit und der Artenvielfalt, durch Beeinträchtigung und Zerstörung ihrer natürlichen Lebensräume entstanden ist.

Warum ist man nicht in der Lage, diesen einfachen Sachverhalt auch auf den Menschen zu übertragen? Denn genau wie bei den Pflanzen und Tieren stehen dem menschlichen Individuum, dem einzigartig Seiendem, keine adäquaten Lebensräume mehr zur Verfügung. Der Einzelne wird auf reine Funktionalität reduziert und verarmt daher innerlich.

Aus der Rezeption und Entwicklung der Sozialforschung entwickelte sich die Problematik des gesellschaftlichen Charakters "des Menschen", das Verhältnis von Individuum und Gesellschaft, zu einem zentralenPunkt des Interesses.

So ist es nicht verwunderlich, wenn die sozialwissenschaftliche Literatur der Moderne das "Subjekt" wiederentdeckt hat. Schon der sprachliche Ausdruck "wiederentdeckt" beinhaltet, dass das Subjekt in den 100 Jahren sozialwissenschaftlicher Forschung vergessen wurde. Dabei ist es nur das Subjekt, was "wiederentdeckt" wurde, und noch immer nicht das Individuum in seiner ursprünglichen Bedeutung.

Für mich selbst ist dabei die "Kritische Theorie" von besonderem Interesse, wie sie Max Horkheimer, Herbert Marcuse und vor allem Theodor W. Adorno [3] vertreten. Hier wird "das Ende des Subjekts" prognostiziert. Die Rede ist von "Entsubjektivierung" und "Verdinglichung des Individuums"

Genau solche Einsichten ergibt meine tägliche Arbeit, meine eigene Beobachtung. Der Einzelne leidet vor allem darunter, dass er seine Einzigartigkeit, seine Besonderheit nicht mehr erkennen kann und es ihm dadurch an Ausdrucksfähigkeit seines Selbst mangelt. Weiterhin zeigt sich, dass die gesellschaftlichen Strukturen so auf funktional-technologische Rationalität reduziert worden sind, dass es dem Einzelnen gar nicht mehr möglich ist, seine Besonderheiten zu erkennen, geschweige denn, diese zum Ausdruck zu bringen. So ist es sehr leicht verständlich, dass sich momentan eine Hochkonjunktur der Geisteswissenschaften anzubahnen scheint. Selbst in Tageszeitungen finden sich Überlegungen zur Rolle der Geisteswissenschaften in unserer technischen Zivilisation. Von ihnen erwartet man jetzt, die Probleme der technisch-industriellen Gesellschaft gelöst zu bekommen. Natürlich können sie das nicht leisten. Eine erhoffte Neuorientierung im wissenschaftlichen Erkenntnisprozess, eine Wiederentdeckung anderer Zugangsweisen zur Beschaffenheit der Welt scheint weit entfernt.

Das Neue jedoch wird sein, dass man den Prozess der Entwicklung der technischen Zivilisation neu reflektiert, die Bedeutung von Geschichte wiederentdeckt. Geschichte aber, wie ein großer Mann einmal sagte, kommt von Geschichten. Geschichten beinhalten Geschehnisse und Begebenheiten und werden durch Sprache vermittelt. Sie sind somit Träger von Bewusstsein. Die Sprache unserer Ahnen aber unterscheidet sich von der heutigen, so dass wir gezwungen sind, sie neu zu erlernen.

In einer geschichtslosen Epoche wie der heutigen, einer vom Existentiellen abgetrennten Kommunikation wesenloser Computersysteme ist es daher an der Zeit, sich auf die Geschichten unserer Ahnen zu besinnen. Denn der zukünftige Mensch wird seine innere Orientierung aus sich selbst finden müssen. Hierbei kann er sich an die Geschichten der großen Alten anlehnen, denn diese können ihm das Bewusstsein und die Erkenntnis vermitteln, wonach sein Inneres ruft. Nur sie können ihm die Frage nach der besonderen Bedeutung des Menschen auf dieser Erde beantworten.

Auf dem Wege der Beantwortung dieser Frage wird der Einzelne seine Einzigartigkeit erkennen und auf ontologische Fundamente stoßen, von denen Meister Eckehart sagte, dass der Wesenskern der menschlichen Seele und der göttliche Seinsgrund von gleicher Artung sein müssten. Eben diese ontologischen Fundamente sind es, die von den Naturwissenschaften unberücksichtigt bleiben.

Wie kam es dazu, dass die Wissenschaften vom Menschen, die Humanwissenschaften, den Menschen selbst vergessen haben?

Solche Fragen, zu denen das Bewusstsein der Naturwissenschaftler keinen Zugang hat und somit über keine Antwort verfügt, zeigen die Notwendigkeit neuer Forschungsmethoden. Diese neuen Methoden ergötzen sich nicht an logischen Schlüssen, sondern vermitteln Erkenntnis.

Eine der neuen Methoden, die sich diesen Fragen zuwendet, ist die "Integrative astrologische Psychodiagnostik", die ich im folgenden darstellen werde. Diese Methode beruht auf hermeneutisch-phänomenologischen Grundlagen und versucht, uns auf die menschliche Daseinsfrage eine Antwort zu geben. Sie verlässt dabei das starre naturwissenschaftliche Denk- und Bezugssystem, und wir vollziehen eine Art Sprung aus einem bisherigen in einen neuen Bezugsrahmen.

Damit leitet die "Integrative astrologische Psychodiagnostik" einen Wandel ein, der uns zu einer geisteswissenschaftlichen Psychologie führt.

> "Dass ich erkenne, was die Welt
> im Innersten zusammenhält.
> Schau alle Wirkungskraft und Samen
> und tu nicht mehr in Worten kramen."
> (Goethe, Faust)

Das vorgelegte Werk ist aus der Sicht eines Wissenschaftlers geschrieben und beinhaltet daher einen theoretischen und einen praktischen Teil. Wem die theoretischen Ausführungen zu schwierig oder unwichtig erscheinen, kann sich gleich dem Kapitel 4 zuwenden.

1. Eine wissenschaftstheoretische Reflexion

Bedingt durch die großen Erfolge der Naturwissenschaften - geprägt durch große Geister wie Galilei, Kopernikus und Newton - orientierten sich die Humanwissenschaften Anfang des 19.Jahrhunderts an deren Methoden. Die damals entstehenden Sozial- und Verhaltenswissenschaften suchten bei den Naturwissenschaftlern methodologischen Rat.

Der Begründer und Erfinder des Begriffes "Soziologie", Auguste Comte, orientierte sich dabei an den Methoden der Galilei-Newtonschen Naturwissenschaft. Für ihn gab es drei Erkenntniszustände:

1. Den theologisch-fiktiven
2. Den metaphysisch-abstrakten
3. Den wissenschaftlich-positiven

Hierbei erhebt Comte den wissenschaftlich-positiven zum eigentlich menschlichen. Er ist letztlich derjenige, der den Positivismus endgültig in breiteren Kreisen der Geisteswissenschaften hoffähig machte und zur Maxime des allgemeinen Denkens erklärte. Ein vernünftiger Mensch denkt positivistisch! Alles andere sind untaugliche Mittel, um zu Erkenntnis zu gelangen, oder gar Aberglaube. Im positiven Stadium ist der Mensch als Gattungswesen quasi erwachsen geworden und hat seine geistige Kindheit hinter sich gelassen.

1.1 Die geschichtsphilosophischen Stadien der Erkenntnis

Auguste Comtes Dreistadiengesetz, ein Entwicklungsmodell der positivistischen Geschichtsphilosophie, das er in den zwanziger Jahren des 19. Jahrhunderts formulierte und dessen Originalität nicht unumstritten ist, da schon vor bzw. etwa gleichzeitig mit Comte von anderen französischen Philosophen wie z.B. Turgot und Concordet ähnliche Gedanken formuliert wurden, ist in Versuch der Erfassung und Erklärung der Geschichte als Produkt der geistig-philosophischen Entwicklung des Menschen, dem bis heute in seinen Grundthesen weitgehend unwidersprochen gefolgt wird.

Danach durchläuft der menschliche Geist auf dem "Weg von der Phantasie zur Vernunft" eben die drei oben genannten Stadien, die notwendig aufeinanderfolgen. "Der menschliche Geist wendet in allen seinen Untersuchungen der Reihe nach verschiedene und sogar entgegengesetzte Methoden an; zuerst die theologische Methode, dann die metaphysische und zuletzt die positive. Die erste ist der Punkt, an der Erkenntnis beginnt, die dritte der feste und endgültige Zustand. Die zweite dient nur als Übergang von der ersten zur dritten." [4]

Comtes Erkenntnistheorie versucht die Entwicklung zu erklären von der theologischen Philosophie über das Stadium der Metaphysik, das lediglich die Phase des

Übergangs vom theologischen zum positiven Denken darstellt, d.h. ein Übergangsstadium, während dem die theologische Philosophie zunehmend an Bedeutung verliert und sich die positive Philosophie langsam zu entwickeln beginnt, bis hin zum endgültigen Stadium, in dem Theologie und Metaphysik überwunden sind und sich das positive Denken durchgesetzt hat, als eine notwendige Abfolge nicht nur der geschichtlichen Entwicklung des Denkens, sondern auch der Entwicklung des individuellen Geistes, also der geistigen Entwicklung des Menschen vom Kind (theologisch) über den Jugendlichen (metaphysisch) zum Erwachsenen, der nach seiner Auffassung Positivist zu sein hat.

Die verschiedenen Stadien unterscheiden sich in der Art ihres Erkenntniszieles. Während in den ersten beiden Stadien der menschliche Geist nach Ursachen der von ihm beobachteten Phänomene forscht dabei im theologischen Stadium das Erkenntnisziel in der Erforschung des für die Ereignisse als ursächlich angenommenen Wesen Gottes und seines Willens bestand, im metaphysischen Stadium der Begriff Gott durch allgemeinere wie "Entitäten" oder "Kräfte" ersetzt wurde, das Erkenntnisziel aber im wesentlichen dasselbe blieb, wird im positiven Denken die Frage nach den Ursachen fallengelassen und stattdessen lediglich das Prinzip der Existenzbedingungen und deren mögliche Verbesserung untersucht.

Das positivistische Ideal des Wissens, das die Grundlage der Konstruktion der behaupteten Gesetzmäßigkeit der Entwicklung darstellt, besteht also in einer starken Beschränkung des Erkenntniszieles. Erstrebt wird nur noch vorhersehendes Lenken zukünftiger Ereignisse und die

Erstellung quantitativ bestimmbarer Relationen, d.h. bloßer Gesetze ohne Frage nach den Substanzen oder dem Wesen der Dinge.

Auch die Instrumente, deren sich das positive Denken bedient, unterscheiden sich von denen der vorangegangenen Stadien. Während in diesen die "Spekulation" und das intuitive Verstehen ein wichtiges Mittel zur Erlangung von Erkenntnis darstellen, beschränkt sich die positive Wissenschaft auf Beobachtung, Vergleich und Experimente.

Comte hält seine Beschreibung der einzelnen, aufeinanderfolgenden Stadien menschlicher Erkenntnis - Fetischismus, Polytheismus, Monotheismus, Metaphysik, Positivismus - für "ebenso voll bewiesen ... wie jedes andere Gesetz der Naturphilosophie."[5] Dabei übersieht er den engen Rahmen, den er seiner historischen Untersuchung selbst gab, indem er sich auf den europäischen Raum beschränkte und abweichende Entwicklungen, wie sie z.B. in Asien eintraten, völlig außer Acht lässt.

P. Barth [6] weist außerdem darauf hin, dass es sich bei Comtes Dreistadiengesetz lediglich um ein empirisches Gesetz handelt, das zwar die Gleichförmigkeit der Phasen der Weltanschauung bei verschiedenen (europäischen) Völkern feststellt, aber zwischen den drei Phasen der Entwicklung keine unmittelbaren kausalen Zusammenhänge herstellt. So bricht denn auch die Kausalkette im Laufe seiner historischen Untersuchungen des Öfteren ab. Er bleibt z.B. bei der Behauptung eines kausalen Zusammenhangs zwischen Industrialisierung als dominanter Entwicklungsreihe und der Entwicklung der anderen Reihen im Stadium der Metaphysik den Nachweis schuldig. Ebenso fehlt die kausale Ableitung der Metaphysik aus dem Monotheismus, die an sich über die Natur des menschlichen Erkenntnisvermögens erklärbar sein müsste.

Barth kritisiert jedoch vor allem den Zusammenhang, den Comte zwischen Religion und Wissenschaft herstellt. Seiner (Barths) Meinung nach ist das religiöse Gefühl von dem Stand der Wissenschaft unabhängig und daher auch im positiven Stadium möglich, was Comte abstritt. Daher gelte das Dreistadiengesetz "nicht für die Weltanschauung im allgemeinen."[7] Auch Scheler[8] setzt an diesem Punkt mit seiner Kritik an. Das religiös-theologische Denken sei ein essentieller, dauernder Ausdruck des menschlichen Geistes und nicht nur eine Phase der Wissensentwicklung. Er nennt die Ansicht, die Religion sei nur eine Art primitiver Naturerklärung gewesen, den "ganz tiefen Irrtum des Positivismus Comtes."[9]

1.2 Die wissenschaftstheoretische Entwicklung des Positivismus

Comte fordert also, vom Gegebenen, vom Tatsächlichen, vom "Positiven", worunter er die Erscheinungen versteht, auszugehen und die Frage nach dem "Wesen", der Ursache des Gegebenen als unfruchtbar aus der Wissenschaft zu verbannen. Die Grundthesen Comtes werden von John Stuart Mill und Herbert Spencer übernommen und ausgebaut, dies unter deutlichem Rückgriff auf David Hume.

17

Nach Mill ist es Aufgabe der Wissenschaft, die Tatsachen des Bewusstseins zu erforschen. Die Tatsachen des Bewusstseins aber sind die Empfindungen und deren Verbindungen, von denen die Logik die wesentlichen herauszuheben hat. Spencer fordert ganz ähnlich, von den Erscheinungen auszugehen und alle Wissenschaft darauf zu "reduzieren", diese zu ordnen.

Die Werke von Comte, Mill und Spencer können als grundlegend und prägend für die Gedankenwelt des später entstehenden Neopositivismus betrachtet werden.

Zu einer einflussreichen Strömung wurde der Neopositivismus zwischen den beiden Weltkriegen durch den sogenannten "Wiener Kreis". In diesem Kreis von Denkern und Philosophen wurde der Begriff "logischer Empirismus" begründet. Namen wie Schlick, Rudolf Carnap, Reichenbach, Neurath sind hier in erster Linie zu nennen.

Durch den Kontakt mit einigen bedeutenden Mathematikern der damaligen Zeit, wie Max Planck, Albert Einstein und Hilbert - die zwar die grundlegenden Auffassungen des Wiener Kreises keineswegs teilten, ja sogar weitgehend in krassem Gegensatz dazu standen - kam es zu einer Steigerung des allgemeinen Ansehens dieser Wissenschaftsrichtung.

Das Aufkommen des Faschismus setzte der geistigen Kontinuität und der Bedeutung des Wiener Kreises ein vorläufiges Ende. Derartige Gedankengänge waren nun nicht mehr gefragt. In der Gegenwart jedoch münden dessen Auffassungen und Erkenntnisse in der sprachanalytischen Schule Wittgensteins einerseits und andererseits v.a. in der Theorie des "Kritischen Rationalismus", vertreten durch Karl Popper, Hans Albert u.a.

Dieser logische Empirismus - wie er sich von nun an nennt - beschäftigt sich mit den Inhalten der Wissenschaftstheorie. In Anlehnung an den Positivismus des 19. Jahrhunderts mit folgenden Prämissen:

1. Jede Erkenntnis kann nur durch Erfahrung gewonnen werden. (Basistheorem)

2. Jede Aussage, deren Gültigkeit nicht einmal prinzipiell überprüft werden kann, ist als sinnlos anzusehen.

Fragen, auf die keine nachprüfbaren Antworten gegeben werden können, sind aus der Klasse der sinnvollen philosophischen Probleme auszuschließen. Es ist so die vom "Logischen Empirismus" vertretene Überzeugung, dass die traditionelle, vorhergegangene Philosophie sich weitgehend mit metaphysischen Inhalten beschäftigte und demzufolge v.a. sinnlose Aussagen produzierte.

Aus dieser vernichtenden Kritik der traditionellen Philosophie wird quasi als deren Nachfolgedisziplin die Wissenschaftslogik eingeführt. Nur dadurch kann nach Ansicht der "logischen Empiristen" ein implizites Vertrauen auf erstrebenswerten Fortschritt durch Weiterentwicklung der Wissenschaften und das Erreichen einer rationalistischen, sozial und technologisch sinnvollen Einstellung gegenüber menschlichen Angelegenheiten gewährleistet werden.

Daraus wird deutlich, dass sich die positivistischen Wissenschaftler vorrangig mit der in erster Linie mathematisch begründeten Methodologie der exakten Naturwissenschaften befassen. Aufgrund dieser Bewegung - der Übernahme naturwissenschaftlicher Methoden in den Humanwissenschaften - entstand eine Gegenbewegung.

Diese "Gegenbewegung" beruft sich im wesentlichen auf die spezifische Eigentümlichkeit des humanwissenschaftlichen Gegenstandsbereichs und fordert aus diesen Gründen eine dem Gegenstandsbereich angepasste Methode, die Methode des "Verstehens". Diese wissenschaftliche Richtung wird als "Hermeneutik" bezeichnet. Eingeführt und verwendet wurde dieser Begriff bereits zu den Zeiten Descartes von Dannhauer (1654).

Erst Schlegel, Schleiermacher erhoben diese Methode zu wissenschaftlichem Status. Hermeneutik wurde zur universalen Lehre vom "Verstehen und Auslegen sinnhaften und geschichtlichen Lebens". In ihrer weiteren Differenzierung wurde diese Methode Ende des 19. Jahrhunderts zur spezifischen Methode der Geisteswissenschaften. Im 20. Jahrhundert mündete die "Verstehende Methode" in eine "hermeneutische Philosophie" (Heidegger, Gadamer). 1937 machte Droysen auf die Dichothomie zwischen Natur- und Geisteswissenschaften aufmerksam.

Dabei war es Dilthey, der versuchte, dieses Thema systematisch auszuarbeiten.

Von ihm stammt die Erkenntnis:

"Die Natur erklären wir die Seele verstehen wir."[10]

Dilthey stellt die Methoden gegenüber. Der Naturwissenschaftler kann Ereignisse "von außen" beobachten und sie mit Hilfe von Gesetzeshypothesen "erklären". Der Geisteswissenschaftler muss anders verfahren. Da geisteswissenschaftliche Probleme "symbolisch vorstrukturiert" sind, müssen sie "von innen" her verstanden werden; denn die Sinnhaftigkeit verbirgt sich dem äußerlichen Zugriff.

Für Dilthey ist daher die Stellung des erkennenden Subjekts grundsätzlich eine andere als die von Objekten in der Naturwissenschaft. Die zu untersuchenden Phänomene des erkennenden Subjekts können nicht einfach unter von außen herangetragenen Konstruktionen subsumiert werden.

Um diese Phänomene in ihrer Substanz zu erfassen, benötigt man eine geisteswissenschaftliche "Methode des Verstehens". Um diese Methode jedoch epistemologisch [11] zu fundieren, benötigt man eine über Kant hinausgehende Erkenntnistheorie, die das Prinzip des Lebens analysiert.

Dilthey entwickelt daher eine "Philosophie über das Verstehen des Lebens":

"Die Menschen erleben ihr Leben als sinnhaft, sie bringen diese Sinnhaftigkeit zum Ausdruck, und dieser Ausdruck kann verstanden werden." [12]

Wie versucht wurde darzustellen, haben sich Ende des 19. Jahrhunderts grundsätzlich verschiedene Methoden in den wissenschaftlichen Disziplinen entwickelt. Die zuerst dargestellte wird als die "positivistische" bezeichnet, als die Methode des Erklärens nach kausalen, allgemeinen Gesetzen. Die Zweite, die Hermeneutik, ist die Methode des sinnhaften Verstehens.

Dilthey proklamierte die Methode des Verstehens für alle Geisteswissenschaften, die sich auf den Menschen und sein soziales Leben beziehen, wie Nationalökonomie, Soziologie, Psychologie, Pädagogik etc.

"Doch warum sollte es in der menschlichen Gesellschaft nicht auch allgemeine soziale und wirtschaftliche Gesetzmäßigkeiten geben, die in positivistischer Manier erklärt werden können?" [13]

Diese Kontroverse löste einen Methodenstreit in der deutschen Nationalökonomie aus. Ausgetragen wurde diese Debatte vor allem zwischen der historischen Schule Gustav Schmollers und der österreichischen Grenznutzenschule Carl Mengers.

Während die Grenznutzenschule internationalistisch und "wertfrei" konzipiert war, hatte die Historische Schule einen ausgeprägten deutsch-nationalistischen Charakter und war eng mit sozialreformerischen politischen Zielsetzungen verbunden. Sie erlitt nach Schmollers Tod (1917) einen raschen Niedergang und wurde vom analytisch-theoretischen Ansatz der Grenznutzenschule verdrängt.

Durch das bahnbrechende Werk von Keynes (1936), das ein formal-mathematisiertes gesamtwirtschaftliches Modell präsentierte, fanden modelltheoretische Verfahren in Lehre und Forschung allgemeine Anerkennung. Die historische Perspektive und die Methode des Verstehens wurde aus der theoretischen Nationalökonomie völlig verdrängt.

Diese Entwicklung kam der Süddeutschen Schule des Neukantianismus entgegen. Lag es ihr Vertretern doch daran, dem Methodenstreit ein Ende zu machen. Hier waren es vor allem Windelband und Rickert, die eine Synthese versuchten.

Windelband führte die Unterscheidung zwischen nomothetischen und idiographischen Wissenschaften ein.

1. Die nomothetischen Wissenschaften versuchen, allgemeine Gesetze zu finden und empirische Ereignisse aus den Gesetzen zu erklären.

2. Die idiographischen Wissenschaften konzentrieren sich auf möglichst exakte Beschreibungen von Einzelereignissen.

Nach Windelband kann jedes Objekt Gegenstand beider Wissenschaftsarten werden. Ein ebensolcher Grundsatz findet sich bei Rickert:

> *"Die Wirklichkeit wird Natur wenn wir sie betrachten mit Rücksicht auf das Allgemeine, sie wird Geschichte, wenn wir sie betrachten mit Rücksicht auf das Besondere und Individuelle..."* [14]

Diese Unterscheidung zwischen Historik und theoretischer Sozialwissenschaft hatte wissenschaftsgeschichtlich gesehen tiefgreifende Folgen. Sie führte zur absoluten Vorherrschaft des positivistischen Methodenideals in der sozialwissenschaftlichen Theorie, während verstehende und individualisierende Verfahren den Historikern überlassen wurden. Selbst der glänzende Syntheseversuch Max Webers wurde ins Abseits gedrängt und erst durch Wolfgang Schluchter wiederentdeckt und weiterentwickelt.

So finden wir hier um die Zeit von 1933-40 nicht nur einen politisch bedeutenden Umbruch, sondern auch in der Wissenschaftstheorie findet hier der große "Wendepunkt" statt. Durch die nun etablierte absolute Vorherrschaft der positivistischen Methode kann die ursprüngliche Prämisse der "Förderung einer rationalistischen, sozialtechnologischen Einstellung gegenüber menschlichen Angelegenheiten" voll entfaltet werden. Von nun an überlagern die Sozialtechnologien die Lebenswelt und reduzieren das Subjekt auf eine feste Einheit (Unit).

"Die Soziologie behandelt den Menschen nicht anders als die anderen Realwissenschaften Tiere, Pflanzen, Steine. Sie kennt nur eine Lehre vom "Verhalten" im weitesten Sinne. Sie ist Sozialbehaviorismus." [15]

Noch eine weitere bedeutsame Entwicklung nimmt hier ihren Anfang. Infolge des Durchbruchs der Anschauungen von Keynes 1936 kommt es zunehmend zu einer "Kolonialisierung" der deutschen Wissenschaftstheorie seitens des Amerikanismus. Die deutsche Wissenschaftstheorie verliert so bald ihren ursprünglichen spezifischen erkenntnistheoretischen Gehalt. Weltanschaulich-philosophische Grundfragen werden durch die neue wissenschaftstheoretische Ausrichtung aus dem Forschungspross ausgeklammert. Fragen nach Sinn oder auch möglicher Sinnlosigkeit des menschlichen Daseins werden von der rationalistisch-sozialtechnologischen Prosperität verdrängt. Ebenso werden ontologische Fragen, wie sie von Platon und Aristoteles behandelt und ausgeführt wurden, erst gar nicht mehr gestellt. Dies obwohl sie die europäische Kultur entscheidend mitgeprägt haben. Die ursprünglich tiefgreifenden erkenntnistheoretischen Fragen werden zu bedeutungslosen Nebensächlichkeiten.

Die neue Wissenschaftstheorie sieht ihre Aufgabe darin, die syntaktische, semantische und pragmatische Analyse einzelwissenschaftlicher Aussagen in ein einheitliches System zu überführen. Also eine einheitliche Wissenschaftssprache, einheitliche Gesetze und Methoden bzw. übergreifende Rationalitätskriterien zu schaffen. Die neue Welt der Wissenschaft wird so zu einer Welt, die auf logische Begriffe reduziert ist:

Alle wissenschaftlich verwendbaren Begriffe sind entweder formale Begriffe der Logik und Mathematik oder solche, die sich auf unmittelbar Erfahrbares beziehen oder zurückführen lassen.

Alle wissenschaftlich akzeptierbaren Aussagen sind entweder rein logisch begründbar, oder sie haben sich erfahrungsmäßig bewährt. Das bedeutet insbesondere, dass alle Aussagen intersubjektiv überprüfbar und insofern intersubjektiv verstehbar sein müssen. Die

Humanwissenschaften verlieren durch diesen reduktionistischen Ansatz ihre erkenntnistheoretische Dimension. Die positivistischen orientierten Wissenschaften wirken mit dieser reduzierten Lebenswelterfassung und eindimensionalen Logik auf die lebensweltlichen Strukturen und natürlich auch den Menschen selbst und seine soziale Umwelt ein.

Einer, der diese "Krise der europäischen Wissenschaften" voraussah und davor warnte, war der Philosoph Edmund Husserl. Dieser erkannte, dass sich durch die theoretischen Begriffswelten eine Trennung zur tatsächlich erlebten Lebenswelt vollzog. Für ihn wird der Welt mittels geometrischer und naturwissenschaftlicher Mathematisierung ein Ideenkleid angemessen, das die Lebenswelt verkleidet. So geht für ihn der Bezug zur Lebenswelt verloren. Zur Lebenswelt gehört natürlich auch der Mensch selbst, der ebenso auf eine eindimensionale Einheit reduziert wird. [16)]Husserl fordert eine Ontologie

der Lebenswelt, die in Form einer transzendental-phänomenologischen Analyse zu leisten ist. In dieser Analyse liegt nun nach Husserl auch der Weg, den Sinn menschlichen Daseins zu erschließen.

Wie Husserl zeigt, hat die vornehmlich positivistische Ausrichtung der Wissenschaften den Menschen und das Wesen des Menschen nicht angemessen berücksichtigt. Ihr Erkenntnisinteresse war darauf nicht ausgerichtet. Ebenso hat sie die Frage nach dem Sinn des Daseins aus der Wissenschaftskonzeption ausgeschlossen und für mehr oder weniger sinnlos erklärt.

Die Folgen davon werden heute immer deutlicher sichtbar. Um sich diesen tiefgreifenden und existentiellen Fragen wieder zuzuwenden, muss die eindimensionale Betrachtungsweise der heutigen Wissenschaften überwunden werden. Es ist notwendig, neue Wege der Erkenntnis zu erschließen.

Ich möchte an dieser Stelle nicht die Phänomenologie Husserls darstellen, sondern eher der Intention Husserls folgen, mich dem Sinn menschlichen Daseins zu nähern. Hierzu greife ich die Absicht Husserls auf und werde versuchen, eine Ontologie des Menschen zu begründen, die sich an der klassischen Erkenntnistheorie von Platon und Aristoteles orientiert.

Wie ausgeführt, können uns die positivistischen Wissenschaften dabei nicht weiterhelfen. Eine Zuwendung zur Hermeneutik und hermeneutischen Methoden ist in dieser Problemstellung unabdingbar. Hier möchte ich auf die älteste aller Wissenschaften zurückgreifen, die astrologische Symbollehre.

Durch die irrtümliche Annahme der Naturwissenschaftler, dass die Sterne lediglich auf den Menschen einstrahlen würden und daher keine intersubjektiv nachprüfbaren Antworten gegeben werden können, ist diese Lehre in der Folgezeit nie auf ihre tatsächliche intersubjektive Überprüfbarkeit untersucht worden. Dies soll im folgenden Text nachgeholt werden.

2. Eine erkenntnistheoretische Begründung der astrologischen Symbollehre

Hinsichtlich der aufgezeigten Dichotomie der Wissenschaften haben sich auch unterschiedliche Lehren vom Menschen in der wissenschaftlichen Tradition etabliert. Einerseits eine den positivistischen Wissenschaften verpflichtete Anthropologie, andererseits eine geisteswissenschaftlich orientierte Anthropologie. Erstere reduziert den Menschen auf einen biologistisch-physikalischen Organismus, die zweite erkennt den Menschen als ein kulturelles, geschichtliches Wesen, als eine leib-seelisch-geistige Einheit.

Ebenso verhält es sich mit anderen Wissenschaften, wie z.B. der Psychologie und der Medizin. Die als Naturwissenschaft positivistisch orientierte Psychologie verlegt ihr Erkenntnisinteresse lediglich auf das sichtbare, konkret messbare Verhalten eines Menschen. Seelisch-geistige Bewusstseinszustände sind für diese Psychologen mit wissenschaftlichen Methoden nicht erfassbar und scheiden somit als sinnlose metaphysische Bereiche aus dem Forschungsgebiet aus.

Für die moderne Psychologie ist der Mensch weitgehend ein durch äußere Reize bestimmtes physikalisches System. Auf dieser Erkenntnisebene gibt es noch keine "seelischen Bewusstseinszustände", sondern lediglich bio-chemische Prozesse.

*"Die Analyse des Verhaltens hat sich auf molekular-
physiologische Teilvorgänge zu beschränken."* [17]

Somit hat die heutige naturwissenschaftliche Psychologie -
obwohl sie sich Seelenlehre nennt - eindeutig das
reduktionistische Denkmodell der Positivisten zur
Grundlage.

Ich möchte im folgenden kurz beschreiben, wie es zu einer
solchen Einstellung gegenüber dem Menschen kommen
konnte. Dazu ist es notwendig, die positivistisch orientierte
Psychologie genauer darzustellen. Sie steht in der
Wissenschaftstradition des Behaviorismus.

2.1 Der klassische Behaviorismus

Entstanden ist diese Wissenschaftsrichtung zu Beginn des
20.Jahrhunderts in den Vereinigten Staaten und hat die
psychologische Forschung in Ansatz und Methode bis zum
heutigen Tag beeinflusst. Als Begründer wird J. B. Watson
angesehen. Dessen Axiome lassen sich folgendermaßen
charakterisieren:

1. Gegen das subjektivistische Axiom einer Bewusstseins-
und Erlebnispsychologie. Gegenstand der Psychologie kann
nur das beobachtbare Verhalten von Organismen sein.

2. Gegen die Eigenständigkeit des Psychischen. Psychologie
als Wissenschaft verlangt eine Reduktion auf
physiologische Vorgänge.

3. Gegen die Thematisierung und Erforschung komplexer Bewusstseinsvorgänge. Die Analyse des Verhaltens hat sich auf molekulare physiologische Teilvorgänge zu beschränken.

4. Für die Übertragung von Ergebnissen aus der Untersuchung einfach strukturierter Organismen auf höher strukturierte Lebewesen.

5. Für die Erklärung des Verhaltens aus automatischen konditionierten Koppelungen von Reizen und Reaktionen. [18)]

Diese Axiome zeigen deutlich, dass der Behaviorismus sich gegen eine subjektive Bewusstseinspsychologie wendet. Die Existenz des Bewusstseins sowie mentaler Vorgänge wird zwar nicht bestritten, jedoch als für die wissenschaftliche Erklärung irrelevant angesehen. Wie im Bereich tierischen Verhaltens das beobachtbare Verhalten genügt, so genügt es auch beim Menschen als ausreichende Erklärungsgrundlage.

Das beobachtete Verhalten wird nun kausal auf beobachtbare Stimuli zurückgeführt. Als Paradebeispiel gilt hier der Pawlowsche Hund. Der Mensch wird nach dieser Theorie - wie das Tier - durch Stimuli konditioniert. Ist es beim Tier das Futter, so kann beim Menschen z.B. Geld ein Stimulans für Leistungsbereitschaft sein.

Der radikale Behaviorismus von Watson erklärt Bewusstseinszustände für jegliche wissenschaftliche Untersuchung als unzugänglich und führt alle Erfahrung auf Drüsensekretionen und Muskelbewegungen zurück und betrachtet menschliches Verhalten als praktisch ausnahmslos durch Umgebungseinflüsse bestimmt.

Die aus diesem Ansatz entwickelten Methoden orientieren sich an der Forschungsstrategie des logischen Positivismus und verstehen sich als naturwissenschaftliche Experimentalpsychologie. Das Forschungsinteresse richtet sich von nun an auf die Methoden und Verfahren. Der Beschaffenheit des Menschen als zu ergründendes Wesen wird überhaupt keine Bedeutung zugemessen. Die behavioristische Psychologie betreibt so Etikettenschwindel.

Eine solche Einstellung zum Menschen kennt natürlich geisteswissenschaftliche Begriffe wie die menschliche Würde und die Selbstbestimmung des Menschen nicht.

Zweitens besteht das Problem, dass eine so orientierte Psychologie Manipulationswissen produziert (2.8. Verkaufspsychologie), das der Verwaltung und Beherrschung des Menschen dient und nicht seiner Befreiung. Dies zeigt sich heute ganz deutlich in allen Lebensbereichen.

Drittens wird die Komplexität des Mensch-seins auf eine einzige Dimension reduziert. So kann man durchaus sagen, dass diese Form der Psychologie den Menschen verdinglicht und enthumanisiert. Sie schafft eine Art Homunkulus.

Der moderne Behaviorismus hat sich mittlerweile der subjektiven Interpretation, wie sie Alfred Schütz vertritt, angenähert. Doch die daraus folgende Konsequenz hat diese wissenschaftliche Richtung noch nicht gezogen. Für sie ist die "Außenwelt" immer noch wichtiger als die "Innenwelt" des Menschen.

Dieselbe Einstellung finden wir in der Medizin. Die naturwissenschaftliche Methodik, die die somatische Medizin zur Entfaltung brachte, hielt im 19.Jahrhundert auch in die Wissenschaft von den psychischen Erkrankungen Einzug. Vor allem durch Griesinger wurde jene Richtung der Psychiatrie mit Leben erfüllt, die dem Satz huldigte: "Geisteskrankheiten sind Gehirnkrankheiten". Ebenso endet Kraepelins Schrift "Der psychologische Versuch in der Psychiatrie [19]mit den Worten "Messung und Versuch".

Ohne allzu weitreichenden Bewertungen abzugeben, zeigt sich auch in der psychiatrischen Medizin der positivistische Denkansatz. Die unseligen Auswirkungen dieser Einstellung zum Menschen zeigen sich heute deutlicher und klarer als zur damaligen Zeit ihrer Entwicklung.

Die Medizin entwickelt sich zur "medizinischen Technologie., der menschliche Körper wird auf funktionale Einheiten reduziert und wird so zur "Körpermaschine", zum biologischen Mechanismus. Krankheit ist lediglich eine Fehlfunktion der Körpermaschine, die es zu reparieren gilt. Diese reduktionistische Betrachtung hat zu Folge, dass sich die medizinische Forschung auf immer kleinere Einheiten konzentriert und sich in Ausbildung und Anwendung vom Gesamtkomplex Mensch mehr und mehr entfernt, zu ständig stärkerer Spezialisierung tendiert.

2.2 Die Psychoanalyse

In derselben Zeit begann sich auch eine gänzlich andere Bewegung auf dem Gebiet der medizinischen Psychiatrie zu entwickeln.

Der 29jährige Mediziner Sigmund Freud studierte im Jahre 1885 in der Salpetriere unter der Leitung des großen französischen Lehrers Charcot die Phänomene der Hysterie und der Hypnose. Die hier gewonnenen Erkenntnisse brachte er in Verbindung mit der psychotherapeutischen Schule von Nancy und ihrer Pflege der Hypnose- und Suggestionstherapie, was für sein späteres Schaffen ebenfalls große Bedeutung hatte.
Wissenschaftstheoretisch unbelastet, seinem ureigenen Interesse nachgehend, untersuchte Freud als Mediziner Bereiche des menschlichen Daseins, die zunächst den naturwissenschaftlichen Horizont verließen. Er verwies im Laufe seiner Forschung auf verlorene Bezirke des Seelenlebens, die durch Deutung zu ergründen seien.
Freud enthüllte so einen unbewussten Teil des Seelenlebens im Menschen, der auf eine mit positivistischen Methoden nicht erfassbare historisch-kulturelle Dimension im Menschen verweist. Nach Freuds Theorie bildet sich diese seelische Dimension im Menschen durch frühkindliche Erlebnisse aus und bestimmt im wesentlichen das beobachtbare Verhalten, Denken und Bewusstsein des späteren Erwachsenen. Er geht dabei soweit, dass er annimmt, nicht nur das Verhalten sei vom seelisch Unbewussten bestimmt, sondern die ganze Einstellung zu sich selbst, zu seiner Umwelt und darüber hinaus der Grad der Beobachtungstiefe von Welt und Wirklichkeit überhaupt.

Nach langjähriger Erforschung tiefenpsychologischer Phänomene durchlaufen Freuds Theorien mehrere Wandlungen. In seinen Spätphasen kommt er dabei zu der Erkenntnis, den individuellen Milieueinflüssen nur noch eine abgeschwächte Bedeutung für die Bildung und Entstehung von Neurosen zuzumessen. So verbleiben im Vordergrund seines Interesses im wesentlichen drei Punkte:

1. Die unvermeidbaren Bedingungen menschlicher Konflikte (Familie, Partner etc.)

2. Die angeborenen Triebambivalenzen

3. Die Struktur der Psyche

Es ist vorerst nicht mein Anliegen, Erfolge, Misserfolge und Missgriffe der Psychoanalyse zu beleuchten. Es mag der Hinweis genügen, dass sich das durch Freud entwickelte Verfahren als ein wichtiger Weg zur Heilung bestimmter psychischer Störungen erwiesen hat, deren Beeinflussung mit dem geduldigen Zuhören beginnt, also mit der "Methode des Verstehens" einer fremden Individualität.

Wichtiger erscheint mir die Auseinandersetzung mit der Theorie, die das Bewusstsein in der Medizin und darüber hinaus das Geistesleben des 20. Jahrhunderts tief beeinflusst. Davon ausgenommen bleiben natürlich die Sozialtechnologen, die unbeeindruckt daran festhalten, dass der Mensch gleich zu behandeln sein wie ein Stein, eine Pflanze oder ein Tier. Sie lehnen bis heute den von Freud neu definierten Neurosebegriff ab. "Die Lerntheorie verwirft alle bisherigen Neurosetheorien und betrachtet neurotische Symptome einfach als gelernte Gewohnheiten. Es gibt keine Neurose, die dem Symptom zugrunde liegt, sondern nur das Symptom selbst." (Eysenck) [20]

Unbeirrt davon wird die theoretische Auseinandersetzung im Verlauf der Weiterentwicklung der Psychoanalyse vorangetrieben von A. Adler, C. G. Jung und Wilhelm Reich. Dabei werden einzelne Thesen von Freud revidiert. So z.B. von C. G. Jung, der behauptet, die menschliche Seele sei

> *"seit Urzeit durchtränkt und durchwebt von religiösen Gefühlen und Vorstellungen."* [21]

Ich möchte im weiteren Verlauf auf die Jung'sche Theoriebildung kurz etwas näher eingehen. Für Jung rückt die phylogenetische Reaktionsbereitschaft [22] der menschlichen Seele in den Mittelpunkt. Was versteht er darunter?

Dieser Begriff bezeichnet eine Reaktionsbereitschaft, die aus der Urgeschichte der Menschheit stammt. Durch Analysen verschiedener Kulturen bestätigt sich für Jung, dass diese phylogenetischen Reaktionsbereitschaften mit speziellen Inhalten in allen Kulturen der Welt vorkommen und sich daher nicht durch Erziehung herausgebildet haben. Diese phylogenetischen Inhalte nennt Jung das "Kollektive Unbewusste", den Archetypus. Solche archetypischen Inhalte sind niedergelegt in Symbolen, Bildern, Mythen und Märchen.

Von daher nähert sich Jung mehr und mehr universalen Prinzipien des Seelischen, die durch Symbole Kunde geben.

Er erkennt zunehmend die Symbolsprache des Seelischen als das transzendentale Wesenhafte - jenseits von Erziehung und Bildungseinflüssen. Er begreift als erster, dass die Sprache des Seelischen eine Sprache der Bilder und Symbole ist.

Sprache jedoch spielt eine außerordentlich bedeutsame Rolle im bewusstseinsbildenden Erkenntnisprozess. Wie die Forschung im Bereich der Soziolinguistik zeigt, ist Sprache ein kulturell vermitteltes Denk- und Steuerungssystem des Bewusstseins. Die Aneignung von Sprache vermittelt dem Menschen eine soziale Wirklichkeit, eine Weltsicht und einen Wissensvorrat, mit

dem er die Welt und das Selbst interpretiert. Dabei ist das Grundphänomen aller Sprachen das Symbol als das "Zeichen mit Bedeutung", das auf einen Sinngehalt verweist.

Versucht der Naturwissenschaftler, ihm fremde Phänomene stets auf der Basis seines Wissensvorrats, seiner Sprache zu typisieren und zu erklären, so müssen wir begreifen, dass die Sprache des Seelischen erst zu erlernen und dadurch zu erschließen ist. So verweist Jung darauf, dass Symbole und Bilder andeuten, d.h. dass sie etwas bedeuten und dessen Sinn gleichzeitig verhüllen. Somit ist er wohl der erste tiefenpsychologische Forscher, der erkennt, dass der Frühmensch das, was ihn bewegte, in Sinnbildern - in Symbolen - niederlegte.

Symbol in seiner ursprünglichen Bedeutung heißt "das Zusammengeballte". Es kommt von dem griechischen Wort "symbolon", das den Sinn eines Erkennungszeichens hatte.

Wenn zwei Freunde für längere Zeit oder für immer voneinander schieden, so zerbrachen sie eine Münze oder ein Tontäfelchen. Kam nach Jahren jemand von der befreundeten Familie zurück, so konnten die zusammengefügten Teile bestätigen, dass der Träger des Bruchstück tatsächlich Anspruch auf Gastfreundschaft besaß.

Das Symbol ist also etwas "Zusammengefügtes", in dem ein sonst nichtwahrnehmbarer Sinngehalt manifestiert ist. So steht das Symbol für eine geistige Realität und ist sichtbares Zeichen einer unsichtbaren Wirklichkeit. [23)]

Die tiefenpsychologische Forschung zeigt uns so einen Wirklichkeitsbereich, den die naturwissenschaftlichen Disziplinen als sinnlos und nicht erforschbar aus ihrem Konzept ausschließen. Durch ihre Unkenntnis der Symbolsprache des Seelischen im Menschen verlieren diese Wissenschaftsrichtungen Sinngehalte, die dem Menschen seit Urzeiten immanent sind. Um diese Sinngehalte ins allgemeine Bewusstsein zurückzuführen, können wir uns nicht an der reduzierten Wissenschaftssprache der Positivisten orientieren.

Wir müssen daher eine neue erkenntnistheoretische Position entwickeln und einnehmen, mit der wir uns der Symbolsprache verstehend nähern können. Nur so lassen sich universale Prinzipien im Wesen des Menschen ins allgemeine Bewusstsein zurückführen. Der große Gelehrte und geniale Pionier der Erforschung der Symbolsprache, der Astrologe Thomas Ring, schreibt:

"Wenn es Wahrheiten gibt, die nach Jahrtausenden noch dieselben sind, dann können es nur innerseelische Wahrheiten sein, während sich unterdessen Bewusstseinsinhalte geändert haben. Das Bleibende in der Astrologie beruht auf Symbolen, die seelische Grundgehalte umschreiben. " 24)

Einer bedeutendsten Grundlagentheoretiker der Ethnotheorie, Kenneth L. Pike hat in Anlehnung an die Phonetik die beiden Ebenen wissenschaftlicher Beobachtung unterschieden. Die eine Ebene nennt er die "etische", die andere die "emische". Eine etische Untersuchung beschränkt sich auf die Analyse äußerlich beobachtbarer, physikalisch definierbarer Einheiten, wie sie die Behavioristen vornehmen. Die emische Untersuchung konzentriert sich auf die Ebene, wie sie die Psychoanalyse beschreibt. Sie bezieht die subjektive Perspektive des handelnden Menschen mit ein.

Die astrologische Symbollehre ist nun eine Methode, die uns in die Lage versetzt, die etische und die emische Ebene zu verbinden. Durch die besondere Bedeutung des Symbols kann sie als eine Brücke gesehen werden, die uns vom Sichtbaren zum Unsichtbaren führt.

3. Methode einer hermeneutischen Wissenschaft

Ich möchte im folgenden versuchen, den erkenntnistheoretischen Wandel, den ich im vorangehenden Kapitel angedeutet habe, weiter zu begründen. Hierbei werde ich abermals den Vertreter des Logischen Empirismus O. Neurath zitieren:

> *"Die Soziologie behandelt den Menschen nicht anders als die anderen Realwissenschaften Tiere, Pflanzen, Steine. Sie kennt nur eine Lehre vom Verhalten im weitesten Sinne. Sie ist "Sozialbehaviorismus".* [25)]

Aus dieser Aussage geht deutlich hervor, dass sich Herr Neurath gleichsetzt mit Steinen, Pflanzen und Tieren. Sicherlich ist ihm dieser einfache Sachverhalt nicht bewusst geworden. Dieses Zitat zeigt jedoch eine zur damaligen Zeit typische Einstellung der positivistisch orientierten Wissenschaftler zu ihren Objekten. Als grundlegend hierfür habe ich im vorangegangenen Kapitel die Wissenschaftsrichtung des Behaviorismus aufgezeigt. Natürlich fällt einem hier sofort ein "logischer" Widerspruch auf, den die Logischen Empiriker selbst nicht erkannten. Dieser logische Widerspruch durchzieht im weiteren Verlauf die gesamte positivistische Forschung. Einerseits sprechen diese Wissenschaftler ihrem "Forschungsgegenstand" Mensch jegliche subjektive Bewusstseins- und Denkakte ab, da sie diese für unbeweisbar halten und für wissenschaftlich irrelevant erklären. Andererseits aber machen sie selbst davon täglich Gebrauch. Sie selbst verwenden eben für ihre Modellbildungen ständig irgendwelche Bewusstseinsakte, um Beobachtetes zu erklären. Infolge der Erkenntnis dieses Zusammenhangs entwickelt sich im Verlauf der wissenschaftlichen Forschung die "Intersubjektivitätstheorie", die von Alfred Schütz in seinem Buch "Der sinnhafte Aufbau der sozialen Welt" ausgearbeitet wird. Ein weiterer gravierender Fehler im Denkschema der Positivisten findet sich darin, dass ihnen der grundlegende Unterschied zwischen einem Stein und einem Menschen offenbar nicht so recht bewusst ist. Ein Stein bleibt immer ein Stein, er erzählt niemals eine (verbale) Geschichte, und wenn er einen Berg herunter gerollt ist, hat er sich bestimmt nicht viel dabei gedacht. So vergessen diese Wissenschaftler, dass es ganz fundamental etwas anderes ist, ob ein Stein in Bewegung gerät, vielleicht ein Enzym eine Verbindung eingeht, oder ob ein lebendiger Mensch eine Handlung vollzieht. Sie beachten eben so wenig, dass die von Menschen gebildete soziale Wirklichkeit durch handelnde Menschen vorinterpretiert ist; denn jeder Mensch, der eine Handlung vollzieht, hat sich bewusst oder unbewusst etwas dabei gedacht.

Die von den Empirikern aufgestellten und angewendeten logischen Verfahrensregeln übersehen so den Wesensunterschied zwischen sozialwissenschaftlichen und naturwissenschaftlichen Forschungsgegenständen. An diesen einfachen Beispielen wird die krasse Trennung von Wissenschaftler und Untersuchungszustand ganz deutlich: Eine strikte Trennung zwischen Subjekt (Wissenschaftler) und Objekt (Untersuchungsgegenstand).

Wie kommt es zu einer solchen Trennung von Subjekt und Objekt? Um diese Frage zu beantworten, müssen wir uns die Methodenentwicklung der Wissenschaft etwas genauer ansehen. Eine wesentliche Rolle spielt in diesem Zusammenhang der französische Philosoph Rene Descartes. Betrachten wir uns die Person Descartes, seine Lebenseinstellung, seine Philosophie und seine Rolle auf der wissenschaftlichen Bühne etwas näher.

In seiner Schrift "Die Prinzipien der Philosophie"[26)] ist auffallend, dass er der Außenwelt als einem von ihm getrennten Objekt gegenübersteht. Genau dieselbe Einstellung spiegelt sich in seiner Beziehung zu seinem Körper wieder:

> *"Man kann zwar etwas über das Verhalten seines Körpers lernen, aber er bleibt immer das Objekt meiner Wahrnehmung."* [27)]

Für Descartes ist sein Körper somit ein "Nicht-Ich" und das Gehirn (das innere Selbst) ist der distanzierte Beobachter der Körperteile. Diese Geist-Körper-Trennung ist bei Descartes so extrem, dass er sich während des Denkens selber als separate Einheit "hier drinnen" wahrnimmt, die den Dingen "da draußen" gegenübersteht. Diese Schizoidität liegt dem cartesianischen Paradigma im Innersten zugrunde. Descartes kommt im Verlauf seiner gedanklichen Tätigkeit zu der niederdrückenden Schlussfolgerung:

> *"Es gab überhaupt nichts, dessen man gewiss sein konnte."*

Die äußere Welt erschien ihm unklar und verwirrend, und aus diesem Notstand heraus entwickelte er eine Methodologie. Diese Methodenlehre Descartes wurde zum Vorbild künftiger Wissenschaften. Natürlich beinhaltet sie immer diese cartesianische Getrenntheit zwischen Subjekt und Objekt ("ich da drinnen, ihr da draußen").

Auch in seinem Verhältnis zu Tieren spiegelt sich diese Getrenntheit wider. Er war ein Freund der Vivisektion, da er der Meinung war, dass Tiere nicht leiden; ja, er behauptete sogar, ihre Schmerzensschreie bedeuteten nicht mehr als das Quietschen eines Rades.

Zur Symbolsprache des menschlichen Bewusstseins hatte Descartes überhaupt keinen Zugang. Nach ihm ist die Symbolsprache der Träume weder klar noch eindeutig, sondern ausweglos und verwirrt. Sie, die Träume, sind erfüllt von ständigen inneren Widersprüchen und besitzen weder inneren noch äußeren Zusammenhang. Folglich enthalten und liefern sie keine verlässliche Information und sind daher unbrauchbar.

Mit solchen Vorbildern und Denkanleitungen konnte sich die zukünftige Wissenschaft gar nicht anders entwickeln als wie wir sie heute vorfinden. Die cartesianische Getrenntheit führte dazu, sich außerhalb der zu erforschenden Bereiche zu stellen. Der Körper, die Umwelt, das Tier, der Mensch selbst wird zum leblosen Gegenstand. Naturwissenschaft heißt so, die Dinge "da draußen" zu untersuchen.

So wird das oben angeführte Zitat von O. Neurath verstehbar aus geistesgeschichtlichen Zusammenhängen, also hermeneutisch zugänglich. Durch die cartesianische Getrenntheit wird alles zu Erforschende verdinglicht, auf messbare Einheiten reduziert. Alles weitere ist ja nur unklar und verwirrend. So kann Descartes als geistiger Gründungsvater der Methode positivistischen Wissenschaften identifiziert werden.

Im 20. Jahrhundert kommt das cartesianische Paradigma voll zur Entfaltung. Vor allem in der Anwendung auf den Menschen finden wir es in allen humanwissenschaftlichen Bereichen. Großen Einfluss nimmt dieses Paradigma auf die Entwicklung der naturwissenschaftlichen Psychologie, die sich behavioristische Psychologie nennt und die ich weiter oben bereits beschrieben habe.

Aus dieser Wissenschaftstradition heraus entwickelt sich die Verhaltenstherapie. Sie beruht auf dem Modell von Fred Skinner, der den Begriff der "operanten Konditionierung" einführt. Skinner reduziert den Gesamtkomplex Mensch auf eine mechanische Reiz-Reaktions-Maschine. Er ist dabei der Auffassung:

> *"Das Verhalten einer Person ist ein physikalisches System"*

So kommt es, dass eine komplexe Sozialbeziehung wie das Liebesverhältnis zweier Menschen auf dieselben Begriffe reduziert wird wie das Verhalten einer mit einer Elektrode stimulierten Ratte, die einer Artgenossin hinterherjagt. Skinner vergisst nicht nur die seelische Dimension im Menschen, sondern auch seine einzigartige Biographie, Konstitution und überhaupt seine Einzigartigkeit. Für ihn ist das Individuum nur noch ein Verhaltensorganismus.

So reduziert er das Mensch-Sein auf einen von Reizen bestimmten Reaktionsmechanismus. Das so entworfene Menschenbild zeichnet einen Menschen ohne Willens- und Entscheidungsfreiheit, ohne Handlungsautonomie. Auf diesen Prämissen beruht die Verhaltenstherapie.

Ich möchte hier keinesfalls die Leistungen der Humanwissenschaften des vorigen Jahrhunderts negativ bewerten. Vor allem die Arbeit von Watzlawick [28] mit seinem lebensweltlich orientierten Pragmatismus in der Verhaltenstherapie kann als eine Bereicherung angesehen werden. Jedoch steht es außer Frage, dass wenn es um die Erforschung des Wesens des Menschen und dessen Daseinssinn geht, diese Form der Wissenschaft keine Anwendung finden kann.

Um der tiefgründigen Frage des Mensch-Seins und des Daseinssinns gerecht zu werden, bedarf es einer erkenntnistheoretischen Dimension, die die oben beschriebenen Wissenschaften überwindet. Als einen Weg zu diesem Ziel können wir das hermeneutische Denken eher zu Rate ziehen, denn es ermöglicht uns einen tieferen Zugang zu menschlichen Phänomenen als das nur rein äußerlich beobachtbare Verhalten. Desweiteren beinhaltet es in seiner Konzeption die Prämisse, dass die Sinndeutung in den Vordergrund der Verstehensprozesse gestellt wird. Ein weiterer Faktor zeigt sich in dem holistischen Anspruch dieser Lehre. Ich betone den Begriff "Lehre", denn die Hermeneutik ist als eine Unterweisung zu verstehen, was der Begriff "Lehre" ursprünglich bedeutet. Was also notwendig wird auf dem Weg, den Sinn menschlichen Daseins zu erfassen, hat meines Erachtens nichts mit Logik zu tun, sondern mit Symbolik, die eben als eine Unterweisung zu verstehen ist.

Die Lehre der Hermeneutik geht davon aus, dass das menschliche Dasein sinnvoll ist. Dieser Sinn muss nicht logisch sein, denn wie die lebensweltliche Erfahrung zeigt, verläuft kein Leben logisch. Der Sinn muss verstehbar sein, und sich zu diesem Sinn einen Zugang zu verschaffen, ist der Anspruch der hermeneutischen Lehre.

Sinn ergibt sich aus dem Erschließen historisch-kultureller Träger, wie sie z.B. die Symbole darstellen. Um Symbole und deren Sinngehalt zu verstehen, muss daher retrospektiv verfahren werden. Die hermeneutische Arbeit, die zu vollbringen ist, besteht darin, in der Retrospektive das Wesen des Symbols in seinem Sinnbildcharakter zu erkennen. Das wiederum heißt, durch die äußere Gestalt die unsichtbaren Sinngehalte ins Bewusstsein zu bringen. Erkenntnistheoretisch ausgedrückt heißt dies, in der Sprache von Kenneth L. Pike, die "etische" und die "emische" Ebene zu verbinden.

Das Symbol ist dabei als ein sichtbares Zeichen einer unsichtbaren Wirklichkeit zu verstehen. Es ist Träger verschiedener Seinsebenen und hat daher eine ontische Qualität. Nach Goethe ("Maximen und Reflexionen") ist die wahre Symbolik überall dort,

"wo das Besondere das Allgemeine repräsentiert, nicht als Traum und Schatten, sondern als lebendig augenblickliche Offenbarung des Unerforschlichen. "

So ist das Symbol Verhüllung und Offenbarung zugleich; deshalb ist die Deutung von Symbolen so schwierig. Denn: Das Symbol verhüllt und offenbart den ganzen Menschen - und nicht nur dessen Verstand. Ich möchte im folgenden eine der ältesten Symbollehren und deren Sinngehalt retrospektiv verständlich machen, nämlich die astrologische Symbolik. Sie kann wohl als die älteste vom Menschen kündende Lehre bezeichnet werden. Dabei verstehe ich diese Lehre als eine aus Urzeiten stammende menschenkundliche Sprache. So geht es in den folgenden Kapiteln darum, aus der Perspektive eines praktizierenden Therapeuten mit Hilfe der hermeneutischen Methode das Wesen der astrologischen Symbolik zu erfassen.

4. Die Bedeutung der astrologischen Symbolik in der Psychotherapie

4.1 Die psychodynamischen Wirkkräfte

Nach den bisher mehr theoretischen Ausführungen möchte ich mich im folgenden der psychotherapeutischen Praxis zuwenden. Durch meine praktische Arbeit als Psychotherapeut ist es mir möglich geworden, die Symbolik der astrologischen Lehre auf ihre Sinngehalte zu überprüfen.

Hierbei stütze ich mich vor allem auf die Arbeiten von Thomas Ring, Fritz Riemann und Stephen Arroyo. Zuvor möchte ich jedoch darstellen, was man allgemein unter Psychotherapie versteht, um ein Verständnis für diesen lebensweltlichen Bereich zu schaffen.

Wie in allen wissenschaftlichen Disziplinen gibt es auch hier keine allgemeingültige Definition. Es kann die Psychotherapie jedoch folgendermaßen umschrieben werden:

"Psychotherapie ist eine wissenschaftlich begründete Methode des Vorgehens mit einem Patienten, einem Paar einer Familie, einer Gruppe mit dem Ziel, unbewusste oder bewusste Konflikte bzw. Mangelerfahrungen und Probleme anzugehen, um dem bzw. den Patienten einerseits zu einer vertieften Einsicht, andererseits zu einem verbesserten Realitätsbezug zu verhelfen. Unterschiedlich je nach Schule wird einmal mehr Wert gelegt auf das Aufdecken und das Durcharbeiten unbewusster Dynamik, ein anderes Mal mehr auf das Erkennen und die Beeinflussung krankhaften Verhaltens. Die einen Methoden streben eine Vertiefung, Reifung und Weiterentwicklung der Persönlichkeit mit und in ihrem Erleben an, die anderen Verfahren eine Befreiung des Betroffenen von einengenden Symptomen und erlernten Fehlverhaltensweisen, so dass sich auf diese Weise die Persönlichkeit ungestört zu entfalten vermag. [29)]

Auch in dieser allgemeinen Definition lassen sich die vorher dargestellten unterschiedlichen Wissenschaftsrichtungen erkennen. Der Text weiterhin:

> *"Wenn wir eine Definition der Psychotherapie gegeben haben, so müssen wir uns bewusst sein, dass dies einer Vereinfachung entspricht, die keineswegs Anspruch auf Vollständigkeit zu erheben vermag. Viele Autoren haben sich um dieses Problem bemüht. Bisher hat sich indes noch keine einheitliche Definition durchzusetzen vermocht."*

Aus dieser Beschreibung wird deutlich, dass es sich bei der Psychotherapie um eine Methode handelt, die noch in einem Entwicklungsstadium steckt. Sie ist noch im Entstehen.

Der Arbeitsbereich der Psychotherapie lag ursprünglich im persönlich Unbewussten des Menschen. Es galt, seelische Komplexe, frühkindliche Traumen bewusst zu machen und dadurch die Persönlichkeitsgestaltung zu erweitern. Unser Jahrhundert jedoch hat einen Boom von therapeutischen Verfahren hervorgebracht, die alle den Menschen von Zwängen, Hemmungen und anderen Übeln befreien wollen. [30]

Die älteste Form der Psychotherapie ist die von Freud entwickelte Methode der Psychoanalyse. Wie sich jedoch im Verlauf der tiefenpsychologischen Forschung gezeigt hat, fixierte Freud das Individuum zu sehr auf den Aspekt der frühkindlichen Sexualität. Weiterhin erfasst die Psychoanalyse zu wenig Zusammenhänge des psychosozialen Austausches des Individuums mit der uns umgebenden sozialen Welt.

Herauszuheben ist bei dieser Methode der ethische Anspruch. Der Analytiker drängt weniger darauf, eine Handlungsänderung zu erreichen, als vielmehr die Einsicht von Denken, Handeln und Fühlen zu fördern. Dies ist jedoch mit einem zu hohen Zeitaufwand verbunden und dadurch, dass die Alltagswirklichkeit als Störvariable angesehen wird, ist diese Technik wenig sinnvoll. Denn: Die Persönlichkeitsentwicklung findet immer im Austausch mit dem Alltag statt. So wurde die Effizienz der Psychoanalyse mehr und mehr in Frage gestellt.

Ganz anders verhält es sich mit der "Verhaltenstherapie". Wie schon erwähnt, steht diese Therapieform in der positivistischen Wissenschaftstradition. Störungen, sowohl neurotischer als auch psychologischer Art, werden als unter Belastung erlernte Fehlverhaltensweisen aufgefasst; denn der Mensch ist ein Verhaltensorganismus. Für die Verhaltenstherapie ist störendes Verhalten weder ein Symptom für innerseelische Konflikte, noch eine vom Gesunden abweichende Krankheit, sondern lediglich ein erlerntes Fehlverhalten. Der sich fehlverhaltende Mensch ist lediglich falsch konditioniert.

So hat die Verhaltenstherapie gezielte Techniken für den Umgang mit Verhaltensschwierigkeiten entwickelt. Diese Therapieform ist durchaus erfolgreich und hat sicherlich ihre Berechtigung. Wie allen positivistisch orientierten Wissenschaften aber fehlt auch ihr die Tiefendimension. Die Berücksichtigung von Individualität eines Menschen, gar vom Wesen oder vom Sinn eines Daseins, ist hier ausgegrenzt.

Diese Therapieform zeigt wohl am deutlichsten, wie weit sich die positivistische Wissenschaftsrichtung vom Menschen selbst entfernt hat und sich mehr und mehr auf die Methode konzentriert. Hatte Freud noch den Anspruch zu sagen:

> *"Es lohnt sich, mit einem Menschen unzählige Stunden zu sprechen, weil ein einzelner Mensch so wichtig ist",*

so ist die moderne Psychotherapie in immer stärkerem Maße ein Opfer unserer Leistungsgesellschaft geworden,

die bestimmte Verhaltensänderungen in einem bestimmt
en Zeitraum erfüllen muss.

Dadurch wird dann notwendigerweise die schnellste
Technik zur besten und heilsamsten. Heute arbeitet man
möglichst schnell und effizient. Ein seltsames Phänomen
dieser Entwicklung ist, dass das Seelische im Menschen
überhaupt nicht mehr in Erscheinung tritt, als ob es Freud
nie gegeben hätte. Meines Erachtens fehlt dieser
Therapieform der Respekt vor der Würde des Menschen
und der Individualität des Einzelnen.

Abschließend bleibt festzuhalten, dass der Anspruch der
Psychotherapie nicht der ist, das "Wesen" oder die
"Einzigartigkeit" eines Menschen zu ergründen, sondern
wir sprechen heute von Psychotherapie, wenn durch
Anwendung einer Methode Änderungen im Handeln und
Verhalten eines Menschen erzielt werden. Weiterhin stellt
sich die Psychotherapie nicht die Aufgabe, dem Patienten
eine Antwort auf den Sinn seines Lebens zu geben.

Eine ganz andere Einstellung hat ein Therapeut, der sich an
der hermeneutischen Wissenschaftsrichtung orientiert! Für
ihn heißt Heilung so viel wie "Ganzwerdung",
"Vervollständigung". Diese Ganzwerdung bei einem
Individuum zu unterstützen ist der Anspruch und das Ziel
eines hermeneutischen Therapeuten. Ebenso ist die
Sinnfrage des ganz persönlichen Lebens des Patienten mit
einbezogen.

Heilung ist dabei nur dann möglich, wenn dem "Kranken"
bewusst wird, sich von seinem Wesenskern her zu
begreifen und sein Versagen in der Welt als Ausdruck der

Blockierung seiner Selbstverwirklichung zu verstehen, in der sein eigenes einzigartiges Wesen hervorkommen sollte.[31] Was aber heißt es, vom "Wesen" eines Menschen zu sprechen? Hierzu bedarf es einer tiefergehenden Ausführung.

Der Begriff "Wesen" bedeutet im Mittelhochdeutschen so viel wie: sein, sich aufhalten, überdauern und gehört zur indogermanischen Wurzel "ues", was so viel bedeutet wie: verweilen, wohnen, übernachten.

Um diesen Begriff zu verstehen, wird eine retrospektive kulturhistorische Analyse notwendig, die uns in den Bereich der klassischen Philosophie führt. Die Frage nach dem "Wesen der Dinge" ist eine zentrale Frage der klassischen erkenntnistheoretischen Philosophie. Hierbei gelangte diese Wissenschaft im Verlauf ihrer Entwicklung zu der Erkenntnis, dass das "Wesen der Dinge" durch Sinneserkenntnis allein nicht unmittelbar zugänglich ist.

So gilt es, eine Entscheidung vorzunehmen zwischen "Wesen" und "Erscheinung", zwischen Inhalt und Form. Diese unterschiedliche Betrachtung bildet den Kernpunkt der philosophischen Auseinandersetzung zwischen Materialismus und Idealismus.

Platon lehrt uns, dass es jenseits der materiellen Welt eine Welt der Ideen gibt, die das Wesen der materiellen Erscheinungen in sich tragen. Dabei sind die materiellen Dinge der Erscheinung "Nachbildungen der idealen Wesenheiten". Weiterhin ist Platon der Meinung, dass der Mensch Wesenhafte Urbilder in seiner Seele trägt. So wird für ihn eine Erkenntnis des Wesens nur erreichbar durch die Erinnerung der Seele an diese Urbilder. Für ihn ist daher Erkenntnis eine Wiedererinnerung von Urbildern, die die Seele im Zustand der Präexistenz geschaut hat.

Die Beziehung zwischen Wesen und Erscheinung der Dinge durchläuft die ganze spätere Philosophie. So meint Hegel:

> *"Die Erscheinung zeigt nichts, was nicht im Wesen ist und im Wesen ist nichts, was nicht manifestiert ist."*

Wie Hegel und Platon zeigen, bedingen sich Erscheinung und Wesen gegenseitig. Inhalt und Form sind zwei Seiten einer Münze, sind komplementär. Dabei bietet uns die Erscheinung die Möglichkeit, zum Wesen vorzudringen.

Daher ist das Symbol von grundlegender Bedeutung. Denn es liegt genau im Schnittpunkt dieser verschiedenen Seins-Ebenen, zwischen Erscheinung und Wesen. Dabei hat es gerade wegen diesem Schnittpunktcharakter an beiden Seins-Ebenen teil: Im Äußeren offenbart es das Innere, im Körperlichen das Geistige, im Sichtbaren das Unsichtbare. Somit ist das Symbol Repräsentant einer sich durch es selbst darstellenden Wirklichkeit.

Der hermeneutische Therapeut unterscheidet sich also grundlegend von seinen positivistisch orientierten Kollegen. Er versucht, mit Hilfe von Symbolen - als menschliche Ursprache - dem Wesen des Menschen näherzukommen.

Auf dieser erkenntnistheoretischen Grundlage der hermeneutischen Wissenschaft möchte ich mich der astrologischen Symbolik nähern. Dabei gilt es, die Bedeutung und das Wesen der Symbole zu verstehen. Gleichzeitig werden wir feststellen, dass sich hinter den Symbolen tatsächlich universale Prinzipien verbergen, die auch durch andere Methoden ergründet werden können.

Die im folgenden dargestellten Symbole sind als psychodynamische Wirkkräfte zu verstehen. Als psychische Teil-Ichs sind sie daher sinntragende Wesenskräfte, die durch das Individuum zum Ausdruck gebracht sein wollen. Daher sind sie in ihrer Auswirkung auch als Werde-Kräfte zu verstehen.

Das Symbol der Sonne (entspricht dem Zeichen Löwe):

Sie symbolisiert die willensmäßige Ausdrucksform eines Menschen, die Art und Weise des In-der-Welt-Seins. Wir können dieses Symbol als Ausdrucksform unseres Persönlichkeitszentrums sehen. Hier zeigt sich die Lebens-Grundstimmung unserer Gesamtpersönlichkeit als Ziel unserer Individuation.

Das Symbol des Mondes (entspricht dem Zeichen Krebs):

Er symbolisiert unsere unmittelbare emotionale Beeindruckbarkeit, unsere seelische Gestimmtheit und Reaktionsbereitschaft auf Eindrücke, die uns persönlich emotional berühren. Dieses Symbol besitzt daher eine empfangende Natur, es nimmt auf. So befindet sich hier der Bereich der Empfindung, der Perzeption. Weiterhin ist der Mond das Symbol der seelischen Erinnerung frühkindlich erlebter seelischer Eindrücke und daher zeigt sich hier ein Verhältnis zur Mutter.

Das Symbol des Merkur (entspricht dem Zeichen Zwillinge):

Merkur symbolisiert das begriffliche Denken und das gedankliche Verknüpfen des Beobachteten. Er zeigt unsere Art und Weise der gedanklichen Verarbeitung, die Welt logisch nachdenkend zu verstehen. Zwecksinn und praktische Intelligenz werden ihm zugeordnet. Stets geht es bei Merkur um wirtschaftliches Schalten mit den Mitteln zur Erreichung eines Zweckes. So hat dieses Prinzip sowohl eine introvertierte, als auch eine extrovertierte Seite. Es zeigt sich in der klugen, realpraktischen und erfinderischen Weltbewältigung. Das merkuriale Thema ist somit das erkennende Beobachten und das Umgehen mit Wissen und Erfahrung.

Das Symbol der Venus (entspricht den Zeichen Stier Waage):

Mit der Venus nähern wir uns dem Prinzip, welches uns nach liebevoller Harmonie streben lässt - Sympathie und Antipathie, die Kraft der Anziehung und Abstoßung, von Wesensgemäßem und Wesensfremdem. Dieses Prinzip gestaltet unser ästhetisches Empfinden, Takt und Umgang mit dem Du und somit unsere Fähigkeit, Beziehungen zu gestalten und aufzunehmen. Es prägt weiterhin unsere Liebesfähigkeit und -bereitschaft, Geschmack und musische Begabung bis in die künstlerische Gestaltung. Somit kann Venus als das Prinzip unserer innewohnenden Sinnlichkeit bezeichnet werden.

Das Symbol des Mars (entspricht dem Zeichen Widder):

Als Gegenthematik der Venus finden wir das Symbol Mars. Dieses Prinzip muss als eine rein expansiv-motorische Energie aufgefasst werden. Es zeigt unsere Bereitschaft für Aktivität, Tatendrang, das Einwirken-Wollen auf die Außenwelt durch konkrete Tat. Mars ist das Prinzip des Sich-Durchsetzen-Wollens durch Willenskraft. Es zeigt Eigensinn und Leistungswillen, Begierde und Eroberung, Wut und Jähzorn, Mut zum Risiko und zur Initiative. Es ist in uns das Angreifende und Aggressive. Was es in seinem Vorwärtsdrang hindert, wird aus dem Weg geräumt. Mars kann als die Libido der astrologischen Symbolik bezeichnet werden.

Das Symbol des Jupiter (entspricht dem Zeichen Schütze):

Fragen wir nach ethisch-moralischen Inhalten, so wenden wir uns dem Jupiterprinzip zu. Jupiter kann als das Prinzip unserer sinnvollen Selbstverwirklichung bezeichnet werden, als die Abrundung unseres wesensgemäßen Lebenszieles. Hierbei geht es vorwiegend um religiöse, moralische, sittliche Werte. So symbolisiert er das Prinzip der geistigen Lebensreifung, im Idealfall die vollste Entfaltung komplexer Fähigkeiten. Bei starker Jupiterbetonung finden sich großformatige Persönlichkeiten mit Weitblick wie auch aufgeblasene, salbungsvolle, selbstgerechte, pathetische Menschen. Hier gilt es daher stark zu unterscheiden zwischen Echtheit und Einbildung, Heuchelei und Wahrhaftigkeit.

Das Symbol des Saturn (entspricht dem Zeichen Steinbock):

Das letzte der klassischen Planetenprinzipien - und daher auch der "Hüter der Schwelle" genannt - ist Saturn. Bezeichnen wir Merkur als das Zweckmäßige, Venus als das Ästhetische, Mars als das Antreibende, Jupiter als das Sinnhafte, so finden wir in Saturn die Gestaltkraft des Notwendigen. Wer "Not-wenden" will, muss sich dem Unabwendbaren zuwenden. Das Saturnprinzip verleiht uns eine tiefe Einsicht in das Wesen des Unabwendbaren, in das Unausweichliche. Dieses Prinzip verhilft uns zur nüchternen, klaren Realitätsbewältigung. So äußert sich dieses Prinzip in notwendiger Abgrenzung und Erhaltung des Bestehenden ebenso wie in übertriebener Abwehr und Sicherung aus Angst. Es ist Sinnbild für unsere Möglichkeit der Realitätsfindung, Realitätsannahme und Realitätsprüfung.

Daher wird dieses Prinzip zu einem wesentlichen Faktor der Individuation, da es den Prozess des Erwachsenwerdens widerspiegelt. Wir erfahren Saturn im persönlichen Bereich dadurch, dass wir hier unsere stärksten Hemm- und Angstfaktoren finden. Die saturnische Wesenskraft verleiht somit Verhaltensweisen etwas Zögerndes, Schweres, jedoch Gründliches. Sein Ausdruck ist der des Zurückhaltens, des Nicht-Hergebens, des Nicht-Loslassen-Könnens. Die Angstabwehr im Seelischen ist hier die Verdrängung. Ebenso sind die Eigenschaften des Trotzens und des Unterwerfens ausgeprägt, verbunden mit dem Gefühl des Verzichten-Müssens, das bis zur Askese reichen kann. Dadurch liegt seine Stärke im Ertragen, im konsequenten Zu-Ende-Führen, also im zähen Durchhalten, im Sichern und Sich-Absichern. Eine manifestierte saturnische Qualität ist die Ausprägung des zwanghaften Charakters.

Durch den Eintritt in das Zeitalter des Wassermanns (ein weiterer Zeitabschnitt, der 2000 Jahre dauert und als platonisches Jahr bezeichnet wird), welches das Zeitalter der Fische ablöst, werden dem Bewusstsein des Menschen drei neue universale Prinzipien zugeführt. Es kommt daher eine neue spirituelle Qualität auf die Entwicklung der Menschheit zu. So haben die drei neuen Wesenskräfte vorwiegend eine spirituelle Bedeutung, die sich im persönlichen Bereich ebenso auswirkt wie im gesamtgesellschaftlichen.

Die Geburt dieses Zeitalters begann Ende des 15.Jahrhunderts und findet durch die Entdeckung der Planeten Uranus (1781), Neptun (1846) und Pluto (1930) ihren symbolischen Ausdruck.

Das Symbol des Uranus (entspricht dem Zeichen Wassermann):

Uranus wird im allgemeinen als die höhere Potenz von Merkur bezeichnet. Er symbolisiert das Prinzip der Intuition, das Aufblitzen von Einsichten und ein schnelles Hervorbringen neuer Ideen sowie originelle Gedankenverbindungen. Im seelischen Bereich verkörpert Uranus den Impuls zu Freiheit und Unabhängigkeit. So tritt dieses Prinzip in Erscheinung als rebellisches, unkonventionelles, exzentrisches Element. Uranus-betonte Menschen wirken daher oft äußerst originell, mit der Neigung zu abrupten und unerwarteten Verhaltensweisen. Wir finden hier den Reformer ebenso wie den Rebellen, den geistigen Bahnbrecher wie den überspannten Exzentriker oder auch den verschrobenen Sonderling. Der

Uranus spiegelt den Typus des Schizoiden wider, der sich aus Angst vor seelischer Abhängigkeit nicht in tiefere Gefühlsbindungen einlassen kann. Diesem Uranus-Prinzip kommt im Wassermannzeitalter mehr und mehr Bedeutung zu; denn wir befinden uns in einer politischen und kulturellen Umgestaltung, die Ausdruck eines höheren Zwecksinnes und Bewusstseins ist.

Das Symbol des Neptun (entspricht dem Zeichen Fische):

Die höhere Oktave von Venus findet seine Entsprechung im Prinzip des Neptun. Wir können dies als einen Übergang von Eros zu Agape verstehen. Sein Wirkungsbereich ist wohl am schwersten zu beschreiben. Dieses Prinzip im Menschen wirkt irgendwo zwischen Bauch und Herz und drückt sich in einem unendlich tiefen Sehnen und Ahnen aus. "Eine Sehnsucht nach nie Erlebtem und doch seit Urzeiten Bekanntem... ", drückt es Thomas Ring aus. In der Beobachtung wird dieses Prinzip wohl in seinen extremsten Auswirkungen erkennbar. So findet sich hier im Alltagsleben der Haltlose, der Realitätsfremde, in Wunschträume verstrickte, der Süchtige ebenso wie der wahre Mystiker, der spirituelle Mensch. (Wie es Jakob Lorber - "der Schreibknecht Gottes" - war, der um 1840 in vierundzwanzig Jahren fünfundzwanzig umfangreiche Bände hinterlassen hat von ungeheurer Bedeutung. Der Inhalt dieses wohl wunderbarsten mystischen Werkes, das die Menschheit besitzt, ist ohne Zweifel das Erhabenste, Tiefste und Geistvollste der einschlägigen Weltliteratur.) Die künstlerische Gestaltkraft bekommt unter diesem Prinzip etwas Zerfließendes, Auflösendes, Spirituelles. So wird Neptun zum Symbol für das Unaussprechliche in uns und außerhalb von uns, für das Erfühlen des

Vorhandenseins von Inhalten, welche die Realitätsgrenze überschreiten. ("Das ozeanische Gefühl", schreibt R. Rollaind an Sigmund Freud.) Dadurch verweist es uns auf die göttliche Urquelle allen Seins und unsere immanente spirituelle Verpflichtung.

Das Symbol des Pluto (entspricht dem Zeichen Skorpion):

Der letzte der bisher bekannten Planeten wurde 1930 entdeckt. Dabei ist es sicherlich kein Zufall, dass Pluto im "Atomzeitalter", zum Zeitpunkt der Entstehung der "Tiefenpsychologie" und während des Hitlerregimes erschien. Diesem Prinzip werden die okkulten und suggestiven Energien zugeschrieben. So bildet Pluto die höhere Potenz von Mars. Pluto-Thematiken im persönlichen Psychogramm eines Menschen haben meist mit einem subtilen Zwang zu tun. Pluto steht für das Faustische im Menschen, für das Hintergründige. Man kann hier von einer von einer suggestiven Energie sprechen, mit der über andere Menschen eine subtile Macht ausgeübt werden kann. Auf der körperlichen Ebene ist Pluto verantwortlich für die Zellteilung und Zellbildung. Von daher wird deutlich, dass innerseelische plutonische Energien im tiefsten Unbewussten ihren Wirkungsbereich haben. Einsteins $e=mc^2$ dürfte das Verständnis des Pluto-Prinzips erleichtern. Für den tiefenpsychologischen Forscher ist es unentbehrlich, dieses Prinzip zu kennen, wie das Psychogramm von Sigmund Freud belegt.

Diese o.g. universalen Prinzipien erscheinen zunächst fremdartig, mystisch und verschwommen. Doch genau dies ist die Sprache der Symbole: Einerseits verhüllen, andererseits offenbaren sie. Ich möchte daher versuchen, diese Prinzipien noch auf eine andere Art darzustellen.

Je nachdem, mit welcher Theorie wir uns diesen Universalien zuwenden, sind wir auch sprachlich gebunden. Nehmen wir die Freudsche Sprache, so sprechen wir von Triebkomponenten. Benutzen wir die Sprache C. G. Jungs, so sprechen wir von Archetypen.

Ich möchte im folgenden das Prinzip oder die Triebkomponente oder den Archetypus Saturn mit den Worten Thomas Rings etwas verdeutlichen:

> *"Unterschiedlich in Form, stofflicher Zusammensetzung und Dichte ist etwa die Rinde eines Baumes, der Chitinpanzer eines Insekts, das Skelett eines Wirbeltieres. Unter dem Prinzip einer Kraft, die für Stütze und Schutz eines Lebewesens sorgt, sind sie einander analog. Dieses Prinzip bleibt unkündbar dasselbe, welche Anwendungsformen das Leben auch entwickeln möchte."* [32]

Entwicklungsgeschichtlich gesehen, ist es für Ring ein weiterer Schritt, Schutz und Stütze von außen (Krusten- und Schalentiere) in das Körperinnere zu verlagern (Skelett). Jedoch mit der Fortentwicklung höherer Organismen bleibt das Prinzip Schutz, Halt, Sicherung und Absicherung erhalten.

Das Universale an diesem Prinzip ist jedoch, dass es sich nicht nur auf die körperliche Einrichtung konzentriert, sondern darüber hinaus auch eine soziologische Komponente enthält, sicherlich auch eine kosmische.

Dieses Prinzip zeigt die Grundnotwendigkeit von Schutz und Stütze eines Ganzen durch Form und Ordnung.

Nähern wir uns diesem Prinzip auf eine andere Art und Weise: Die Theologien und Psychotherapeutin Jung'scher Prägung I. Riedel zeigt, welche psychischen Wirkungen, Assoziationen und Archetypen sich hinter der Symbolik der Farben verbergen. [33] Ich möchte mich hier lediglich an der Farbe Schwarz orientieren, die dem Prinzip Saturn zugeordnet wird.

Die lebensweltliche Betrachtung zeigt, dass die Farbe Schwarz die Farbe ist, welche Mönche und Nonnen nach außen als Zeichen der Askese tragen. Ebenso finden wir sie in den Universitäten bei feierlichen Anlässen und auch als Ausdruck der Trauer bei Beerdigungen. Die Amtsträger vor Gericht als Erhalter der Ordnung Schützer der Gemeinschaft tragen schwarze Roben, um staatliche Würde und Macht zu symbolisieren. So hat diese Farbe ganz offensichtlich etwas mit Endgültigkeit, Macht und dem Unausweichlichen zu tun.

Der Farbpyramidentest von Pfister-Heiss (1975) ordnet Schwarz eine passive Einstellung wie "Hemmung", Hemmbarkeit", "Blockierung" zu.

Im Lüscher-Test findet sich folgende Parallelität: Hier gibt diese Farbe Auskunft über "Stauung, Abwehr und Verdrängung von Reizeinflüssen". Schwarz bedeutet daher Verzicht. Wer Schwarz an erster Stelle wählt, will aus trotzigem Protest verzichten. Er lehnt sich gegen sein Schicksal auf. Nach Lüscher ist schwarz somit die absolute Grenze, an der das Leben aufhört. Wir können so in dieser

Farbe unbezweifelbar das Prinzip des Saturn-Symbols erkennen, dem sie zugeordnet ist.

Aufgabe der psychodiagnostischen Anamnese ist es nun, diese Wirkkräfte durch das psychodiagnostische Gespräch mit dem Individuum zugänglich zu machen. So kann die psychodynamische Wesensstruktur in ihrer einzigartigen Ausprägung schneller und besser erfasst werden. Dabei ist darauf zu achten, inwieweit sich ein Individuum aus sich selbst verwirklicht hat.

4.2 Die Wirkkräfte als psychodynamische Wesensstruktur

Nachdem ich versucht habe, die Wirkkräfte im Wesen des Menschen mit Hilfe der astrologischen Symbolik kurz zu umschreiben, möchte ich sie nun in ihrem Gesamtzusammenhang darstellen.

Jeder Mensch, jedes menschliche Schicksal ist mir zunächst unbekannt und fremd. Dies gilt für den Alltag ebenso wie in der täglichen psychotherapeutischen Praxis. Als Therapeut bin ich bemüht, durch einen hohen Konzentrationsgrad der Erscheinung eines Patienten durch Beobachtung und Gehör Aufmerksamkeit zukommen zu lassen. Diese beiden Sinne bilden zunächst die Grundlage, um mich fremdem Leben zuzuwenden.

Ein weiterer Schritt, um Einsicht in einen Menschen zu erhalten, ist der, das Beobachtete, das Gehörte, die Gestik, Mimik und Sprache in einen Gesamtzusammenhang zu bringen, welcher als Erscheinung einer Gesamtpersönlichkeit verstanden werden soll.

So nähere ich mich als Therapeut durch Deutung von Erscheinungen einer mir fremden Persönlichkeit. [34)]Die Wissenschaftstheorie nennt dies "subjektive und intersubjektive Sinnkonstruktion".

Aufgrund der Tatsache, dass der Mensch mit Bewusstsein ausgestattet ist, dass er ein historisch-kulturelles Wesen ist, kann hier nur die hermeneutische Methode des Verstehens angewendet werden.

Mir persönlich erscheint diese Methode auch deshalb geeignet, weil sie nach dem Sinn des persönlichen Lebens, nach dem Sinn von Geschichte, nach ethischen und moralischen Normen des Handelns fragt. Darüber hinaus nach dem Sinn der menschlichen Gemeinschaft überhaupt.

So kommt dem Begriff "Verstehen" eine existentielle Bedeutung zu. Existentiell deshalb, weil ein "Verstehen" von Phänomenen, Ereignissen, Symbolen etc. im wesentlichen über den Grad der Einsicht in unser Dasein entscheidet.

Der Phänomenologe Martin Heidegger beschreibt dies als Durchsichtigkeit, als das Sichtbar-Werden lebensweltlicher Zusammenhänge. Hierbei erhebt er den Anspruch, hinter die Erscheinung zu blicken, denn die Erscheinung gibt Kunde von etwas, was sich selbst nicht zeigt

> *"So ist die Rede von "Krankheitserscheinungen".*
> *Gemeint sind Vorkommnisse am Leib, die sich*

*zeigen und im Sich-Zeigen als dieses Sich-Zeigen
etwas "indizieren", was sich selbst nicht zeigt. Das
Auftreten dieser Vorkommnisse, ihr Sich-Zeigen,
geht zusammen mit dem Vorhandensein von
Störungen, die sich selbst nicht zeigen. Erscheinung
als Erscheinung "von etwas" besagt gerade nicht:
Sich selbst Zeigen, sondern das Sich-Melden von
etwas, das sich nicht zeigt, durch etwas, was sich
zeigt. Erscheinen ist ein Sich-Nicht-Zeigen."* [35]

So kann auch - um mit Heidegger zu argumentieren - eine
Krankheitserscheinung ein Symbol sein. Denn sie gibt
Kunde von etwas, das sich selbst nicht zeigt. Sie verweist
uns auf einen anderen Wirklichkeitsbereich.

Der Erkenntnismittelpunkt der hermeneutischen Methode
ist daher der, eine hinter die Erscheinung blickende
sinnvolle Sicht des Daseins zu erhalten, um
Undurchsichtigkeit, egozentrische Selbsttäuschung und die
Unkenntnis vom Sinn der Welt zu überwinden. Als
Therapeut rückt für mich das hinter der Erscheinung
Liegende einer Gesamtpersönlichkeit und das sinnvolle
Verstehen dieser Persönlichkeit in den Mittelpunkt.

Da die Gesamtpersönlichkeit jedoch keine statische Einheit
ist, sondern sich in einem ständigen Werdensprozess
befindet, kann sinnvolles Verstehen nur dann zustande
kommen, wenn der Verlaufsprozess der Person-Werdung
als Ganzes berücksichtigt wird. Daher muss ich als
Therapeut immer auch die historische Dimension
berücksichtigen, auf die uns Freud aufmerksam gemacht
hat.

Jeder Mensch bringt nun seine Gesamtpersönlichkeit durch seinen Körper, sein Verhalten und Handeln zum Ausdruck. Körperliche Verkrampfungen, Erregungen, seelische Hemmungen, gedankliche Prozesse werden zu sinnvollen Erscheinungen eines menschlichen Lebensprozesses. Abweichungen von einer gesetzten Norm wie Muskelpanzer, psychosomatische Störungen oder sonstige Krankheitserscheinungen können als Hinderungsgründe in Bezug auf die Vervollkommnung der betreffenden Person bezeichnet werden.

Daher dürfen wir Krankheitserscheinungen durchaus als eine Abweichung von der immanenten Sinn- und Zielsetzung der Wesensgenese ansehen. Somit wird jede Diagnostik zu einem Prozess, der Erkenntnis von der Gesamtheit einer Persönlichkeit und deren Wesensgenese gewinnen will, die sich durch eine einzigartige Lebensgestaltung und durch einen ebenso einzigartigen Charakter zum Ausdruck bringen möchte.

Die geeignetste Gesprächsform im diagnostischen Prozess ist die der integrativen Psychodiagnostik, wie sie Walter J. Schraml beschreibt. [36)] Sie lässt in der Gesprächsführung Raum für einen sozialen zwischenmenschlichen Austausch, wobei durch einen solchen Rahmen die Bereitschaft eines Menschen sich zu öffnen gefördert wird. Gleichzeitig verstärkt sich das Vertrauen und der Grad der Intimität wird erweitert. Der Therapeut verlässt seine soziale Rolle und wird somit zum Vertrauten, an den sich der Klient in seiner Not wendet. Der Untersucher nimmt diese Rolle an, ohne jedoch eine klare, nüchterne und sachliche Beobachtung zu vernachlässigen.

Mit Hilfe des menschenkundlichen Materials der astrologischen Symbollehre ist es mir nun gelungen, einen neuen Weg in der Psychodiagnostik zu beschreiten. Ich konnte Einsicht gewinnen in eine weitere Dimension der Gesamtheit und der Wesensgenese eines Individuums. Dieses klassische menschenkundliche Material enthält nämlich eine Sinndimension, die auf den Gesamtzusammenhang von Geist, Identität und Gesellschaft verweist. [37] Für mich wurde daher der therapeutische Prozess zu einem Suchen nach Grundlagen der jeweiligen Existenz und nach dem Sinn des mir begegnenden individuellen Lebens. Dabei sind die im Lebensalltag drückenden Problembereiche die Hebel, mit denen die dunklen Zonen des Charakters ans Licht gehoben werden können.

Die im folgenden zu entwickelnde Methode bezeichne ich als "integrative astrologische Psychodiagnostik". Durch die Zuhilfenahme dieser Methode kann die individuelle Eigenart des Patienten deutlicher wahrgenommen werden. Wir können daher das Psychogramm als ein Röntgenbild der leiblich-seelisch-sozialen Sinnzusammenhänge bezeichnen, als eine Art genetischen Code, der im Wesenskern angelegt ist.

Durch den therapeutischen Prozess wird es dem Patienten ermöglicht, den "genetischen Code" seines ureigenen Wesenskerns in Erfahrung zu bringen. Desweiteren kann dem Patienten gezeigt werden, wie er sich durch eine wesensgemäße und dadurch sinnvolle Lebensgestaltung im Alltag verwirklichen kann. Der Alltag dient ihm dazu, dass er lernt, sich von seinem Wesen her zu äußern um sich

*"wesensgemäß darzuleben und dies heißt auch
darzuleiben." [38)]*

Letztendliches Ziel der Therapie ist somit, eine
Harmonisierung zwischen Wesenskern und Leiblichkeit zu
erreichen.

Die integrative astrologische Psychodiagnostik hat ihre
Grundlage in den empirischen Beobachtungen, die von
Sigmund Freud durchgeführt und formuliert wurden. Freud
wurde ja dadurch bekannt, dass er eine neue Dimension
des Menschseins der Beobachtung zugänglich machte.
Dazu meint Freud selbst:

> *"Die Psychoanalyse würde ... nicht am Schlaf der
> Welt gerührt haben, hätte sie nicht über die
> Beschäftigung mit den neurotischen Leiden hinaus
> die allgemeinen Probleme des Menschen und der
> Menschwerdung klarer beleuchtet." [39)]*

Aus seinen Beobachtungen heraus entwickelte er die
Methode der Psychoanalyse. Dabei versuchte er, Struktur
und Funktion des bisher unbekannten Seelenapparates des
Menschen herauszuarbeiten, mit dem Ziel, ein Deutungs-
und Erklärungsschema zu gewinnen, das erlauben sollte,
die Vorgänge des psychischen Innenlebens "in den Griff zu
bekommen". Als Anfänger und Begründer einer bisher
unbekannten Disziplin war Freud nun auch gezwungen,
einen theoretischen Überbau zu konstruieren, der ihm als
Erklärung der beobachteten Phänomene diente. So führte
er Begriffe ein wie: "es", "ich", "über-ich", "Libido" usw.,
die vorwiegend aus dem Beobachteten ihren Inhalt
bezogen.

Die wichtigste Erkenntnis, die er dabei beschrieb, war das Aufzeigen, dass der Mensch nur Zugang zur Oberfläche seiner Seele hat, nicht aber zu deren Tiefe. Durch seine Versuche mit Breuer entdeckte er, dass die Vorgänge im Bewusstsein nur einen Teil des menschlichen Seelenlebens ausmachen, und dass die uns vertraute logische Denkweise nicht weiter reicht als bis zur Oberfläche dieses Bewusstseins.

Genau dieser Sachverhalt ist es, der die positive Wissenschaft zum Scheitern verurteilt hat, wenn es um die Erforschung des Menschen geht. Ihre Untersuchungen erfassen lediglich die etische Ebene. Daher lassen unsere sozialtechnologischen Strukturen in der Lebenswelt nur eine Eindimensionalität des Menschen zu. Sozialer Raum für die Tiefendimension des Menschseins konnte nicht geschaffen werden. Bis heute gibt es keine staatlichen oder kirchlichen Institutionen, die tiefenpsychologische Erkenntnisse genügend berücksichtigen.

Versuche mit der Hypnosetechnik bestätigen die Annahme, dass es seelische Vorgänge außerhalb des bewussten Bereiches gibt. Diese vielleicht wichtigste Erkenntnis Freuds zeigt die Grenzen eigener Selbsterkenntnis auf. Er beschrieb, dass unbewusste Seelenmuster großen Einfluss auf unser Alltagsleben nehmen. Er zeigte, wie dieses Unbewusste unseren bewussten Willen beeinflusst, unsere Vernunft bestimmt und unsere Handlungen motiviert. Wilhelm Reich zeigte später, wie das Unbewusste selbst auf unser körperlich-organisches Leben einwirkt.

Mit dem theoretischen Überbau, welcher der Erklärung der beobachteten psychischen Phänomene dienen sollte, können ich und auch andere Wissenschaftler nicht übereinstimmen. Freud, der als beobachtender Hermeneutiker seine Forschung begann, der durch Deutung verstehen wollte, kam mehr und mehr in den Konflikt, naturwissenschaftliche Erklärungen abgeben zu müssen, um seiner neuen Wissenschaft soziale Anerkennung zu verschaffen. Als Mediziner der damaligen Zeit - der Naturwissenschaft verpflichtet - wich Freud zunehmend von der hermeneutischen Methode ab und wandte sich den biologistischen Methoden zu. Doch genau dieser Schritt endete meiner Meinung nach in einer Sackgasse. Obwohl Freud über mythologische Kenntnisse verfügte, die er in seine Deutungen mit einbezog, besaß er nicht den Mut, diese Richtung weiter zu verfolgen. Erst sein Schüler C. G. Jung beschritt in seinen Forschungen diesen Weg.

Die integrative astrologische Psychodiagnostik rührt weiter am "Schlaf der Welt" und bietet die Möglichkeit, eine differenzierte Einsicht in die im Unbewussten wirkenden Seelenmuster zu bekommen. Die Methode ist ein weiterer Beitrag, allgemeine Probleme des Menschen und der Menschwerdung zu beleuchten. Sie dient dem von Jung beschriebenen Individuationsprozess. Ein auf dieser Methode begründeter Selbstwerdungsprozess gestaltet sich aus einem wesenhaften Inneren und gewinnt so an Echtheit. Gelingt es in der Therapie einem Menschen, Einsicht in sein unbewusstes Seelenleben zu gewinnen, so kann er einen unermesslichen seelischen Reichtum erfahren und Quellen schöpferischer Begabung erkennen. Voraussetzung ist die klassische psychoanalytische Arbeit, die durch die Erziehung und das bisher gelebte Leben aufgebaute Verhaltensmuster aufzuarbeiten und aufzulösen versucht.

Wenden wir uns nun der Methode der integrativen astrologischen Psychodiagnostik zu. Die astrologische Wesenslehre spricht von "sinntragenden Wesenskräften", die den gesamten Menschen durchtönen, geistig, seelisch und organisch-physiognomisch. Zu der physiognomischen Prägung schreibt Thomas Ring:

> *"Was besagt es denn, dass unter Umständen der Aszendent einer Versuchsperson ihr vom Gesicht, aus dem Gang, Gliederbau und Gebärde, aus dem ganzen Gehabe abgelesen werden kann?",* [40)]

Aus der Beobachtung im Alltag können wir z.B. die Mitglieder der Familie Müller an der Physiognomie erkennen. Bei näherer Betrachtung stellen wir jedoch auch physiognomische Eigenheiten fest, wie der schlaksige Müller, der knochige Müller, der rundliche Müller usw. Dies besagt, dass die im genetischen Code angelegten Wesenskräfte ihre individuelle Ausprägung finden.

Durch genaue Beobachtung kann erkannt werden, dass trotz gleicher Erbanlage das jeweilige Familienmitglied von einer ihn dominierenden Wesenskraft personifiziert wird. Durch ein Psychogramm (Horoskop) können wir nun diese individuelle Ausprägung empirisch nachvollziehen. Will man diese Wesenskräfte am Menschen aus eigener Anschauung kennenlernen, so hat man seine Augen auf Tendenzen zu richten, die bei jeder Art von Ererbtem, Umwelt und Niveau des Menschen durchschlagen. Dies ist der Weg, um zu den Prinzipien zu gelangen, die Aufbau und bleibende Struktur der Menschenseele bestimmen. [41)]

Die integrative astrologische Psychodiagnostik dient zur Herausfilterung, wie und inwieweit sich diese immanenten Wesenskräfte durch einen Menschen entfaltet haben und zum Ausdruck gekommen sind. Goethe nennt diesen Prozess in seinen orphischen Urworten

"geprägte Form, die lebend sich entwickelt".

Lebend heißt aber nicht nur denkend oder fühlend, sondern: Inwieweit ist ein wesensgemäßes Darleben gelungen, inwieweit hat sich ein Leben ausgeformt?

Der therapeutische Prozess besteht nun darin, die Selbstwerdung nicht nur reflexiv-intellektuell weiterzubringen, sondern dem Menschen weiterhin eine bewusste Leiblichkeit zu vermitteln, die seiner wesensgemäßen Anlage entspricht. So wird die integrative astrologische Psychodiagnostik zu eigentlichen "Wesensanalyse". Diese Wesensanalyse wird gleichzeitig eine Initiation, eine Art der Einweihung. Die hermeneutische Therapie versucht so durch Bewusstwerden und Befreiung der verdrängten Tiefe des Unbewussten die Entfaltung und Reifung des wahren Selbst durch gezielte Wahrnehmungsübungen zu fördern.

Eine Therapie dieser Form hat jedoch als Grundlage die Anerkennung des metaphysischen Charakters des im Selbst liegenden Wesens. Person-werden, Reifen, Selbstwerden bedeutet also auch die Akzeptanz einer im Wesenskern vorkommenden immanenten Transzendenz, auf die uns z.B. Meister Eckehart verweist.

Dies darf aber nicht so verstanden werden, dass eine auf religiösem Glauben beruhende Annahme zugrunde liegt, sondern vielmehr, dass dieses Phänomen auf nachprüfbaren Erfahrungen beruht, die methodisch erforschbar und systematisch beeinflussbar sind. Um solche Bereiche ernst nehmen zu können, bedarf es eines nüchternen, sachlichen wissenschaftlichen Sinnes, der nicht an der Grenze des rational Verständlichen Halt macht, sondern der auch angsterzeugende, unsichere Phänomene zulassen und prüfen kann. Ein Mittel, solche Phänomene in die Therapie mit einzubeziehen, ist die astrologische Symbollehre, die von transzendentalen sinntragenden Wesenskräften spricht.

Die Therapie nimmt so folgenden Verlauf:

- Erwachen und Wahrnehmen ureigener sinntragender Wesenskräfte
- Bewusstwerden und Aufgehen des Wesenskerns
- Mit bewusster Offenheit erreichte Auseinandersetzung mit feindlicher oder förderlicher Welt [41]

Wie jede hermeneutische Wissenschaft ist auch die integrative astrologische Psychodiagnostik eine Synthese zwischen Kunst und Wissenschaft. Hierbei spielen die empirischen Erfahrungen des Diagnostikers eine bedeutende Rolle.

Mir selbst ist als Diagnostiker bewusst und bildlich vor Augen, dass sich jeder Mensch als einzigartige Individualität durch eine persönliche Anlagestruktur der immanenten Wesenskräfte von anderen unterscheidet und abhebt. Diese Anlagestruktur wird im Psychogramm durch das Aspekt-Gerüst erkennbar.
Unter dem Aspekt-Gerüst versteht man das Zusammenwirken der vorher beschriebenen universalen Prinzipien. Das Aspekt-Gerüst, wie wir es z.B. bei Goethes Psychogramm erkennen können, kann als Thema bezeichnet werden. Thema heißt so viel wie "Aufgabe, zu behandelnder Gegenstand". Wir können es auch die psychodynamische Struktur des Seelischen nennen.

Dem Diagnostiker kommt nun die Aufgabe zu, den "zu behandelnden Gegenstand", die Psychodynamik des Patienten, in Lebenswirklichkeit zu übersetzen. Dabei muss berücksichtigt werden, dass die individuelle Selbstbestimmung innerhalb des von diesen Wesenskräften vorgezeichneten Rahmens zu suchen ist. Für den geübten Diagnostiker wird durch das Aspekt-Gerüst ein Lebensthema sichtbar, in dem Begabungen, Temperament, Psychodynamik, Spannungen und Lösungen liegen. Eine Annäherung an dieses "Röntgenbild der Seele" geschieht dadurch, dass der Diagnostiker sich Einsicht verschafft in die Dynamik der immanenten Wesenskräfte der betreffenden Person.

Die erste Analyse gilt der psychodynamischen Anlage der im Seelischen wirkenden Wesenskräfte. Hierbei wird zunächst die Aufmerksamkeit auf das Verhältnis von dissonanten und harmonischen Aspekten gerichtet. Als

Aspekte bezeichnet man die Winkelbeziehungen der Gestirne zueinander im Augenblick der Geburt.

Diese Aspektenlehre geht im deutschsprachigen Raum zurück auf Johannes Kepler, der im 4.Buch seiner "Harmonia Mundi" die Aspektenlehre beschreibt.

Dr. Walter Koch schreibt dazu:

> "... die Aspekte geben Aufschluss über die Fragen, die einen Menschen immer wieder von neuem bewegen und ihn auch die entsprechenden schicksalhaften Ereignisse verwickeln ... und die Individualität aufbauen oder abwandeln. Je weichere Aspekte das Horoskop begünstigen, desto reibungsloser verläuft das Leben. Je schroffer die Aspekte wirken, desto größer sind die inneren Dissonanzen." [42)]

Hierbei werden die Dissonanzen wie in der Musik als Unruhe bergende, zur Lösung drängende Spannungen diagnostiziert. Hingegen zeigen die harmonischen Aspekte eher einen beruhigenden Ausklang einer aufgerührten Dynamik des Erlebens. Wie wir sehen, wusste schon Kepler über die menschliche Psychodynamik Erstaunliches zu berichten.

Durch die Analyse eines im Psychogramm aufgezeichneten Aspekt-Gerüsts kann der Diagnostiker eine Wesensharmonie oder Disharmonie der Seelenstruktur der betreffenden Person erkennen. Dabei ist dann auch darauf zu achten, dass die wirkenden Aspekte nicht nur die seelische Struktur und Psychodynamik aufzeigen, sondern uns darüber hinaus auch auf Ursachen von körperlich-organischen Auswirkungen verweist. Der erste Schritt der hermeneutischen Therapie ist somit der, die "dynamische Verfassung" der betreffenden Person zu analysieren.

Der bedeutende astrologische Diagnostiker Thomas Ring legt hierbei seine Achtsamkeit auf die im Psychogramm vorkommenden synthetischen oder analytischen Aspekte, die er folgendermaßen beschreibt:

> *"Unter synthetischen Aspekten versteht man einen einheitlichen Fluss von Seelenpartien oder Wesensprinzipien, die sich dann im positiven Gleichgewicht erfüllen. "* [44]

So ist durch eine solche Aspektverbindung die Spannungsdynamik gemildert. Bei dem Durchschnittsmenschen kann eine Vielzahl solcher Aspekte durch das Fehlen einer Antriebsspannung durchaus zu einem bequemen Selbstgenügen, Langeweile, satten Zufriedenheit und einem gedankenlosen Vorbeileben führen.

Unter analytischen Aspekten versteht Th. Ring ein spannungsgeladenes Abspalten einzelner Seelenpartien oder Wesensprinzipien vom Gesamtfluss. Hierdurch kann sich dann in der lebensweltlichen Formung eine Entwicklung von Sondertendenzen bis zum Extrem herausbilden. Bei einem Menschen mit vielen analytischen Aspekten finden wir einen von Geburt an gespannteren Typus. Die gespanntere dynamische Verfassung kann sowohl zur Selbstzerstörung und Selbstschädigung führen, als auch zu außergewöhnlichen Leistungen anregen. Dabei ist dann beim genialeren Typus eine größere weltliche Abgeschiedenheit erkennbar, häufig verbunden mit einem Verzicht auf privates Behagen.

So wird verstehbar, warum gerade Psychogramme großer geschichtlicher Persönlichkeiten sehr oft starke Dissonanzen aufweisen, während sich in denjenigen unbedeutender Normalbürger meist eine harmonische Wohlabgestimmtheit findet. Hier gründet sich die tiefe Einsicht, dass am wenigsten dem Genialen seine Schöpferkraft durch die Gunst der Geburt geschenkt wird. Wer über Psychogramme und biographische Kenntnisse großer Persönlichkeiten verfügt, kann dies empirisch nachvollziehen.

Dissonante Aspekte können also einerseits Wegweiser sein, um die Triebkraft genialer Fähigkeiten aufzufinden, andererseits sind sie Wegweiser zur Erkenntnis über Komplexbildungen, Phobien, sonstige psychosomatische Erkrankungen. Daher können wir sagen, dass das Aspekt-Gerüst in der astrologischen Diagnostik eine endogen verborgene Problematik im Menschen aufzeigt. Wie Kepler richtig erkannt hat, zeigt sich diese Problematik im Einzelfall vorwiegend in typischen lebensweltlichen Wiederholungen, chronischen Leiden, Neurosenbildungen etc. Diese zeigen sich durch Fragen, die einen Menschen immer wieder von neuem bewegen und ihn auch in die entsprechenden schicksalhaften Ereignisse verwickeln. Durch die astrologische Psychodiagnostik kann ich so eine wesenseigene Problematik erkennen und die von der Außenwelt herangetragenen Faktoren klarer differenzieren.

Während sich der Geniale durch produktive Gestaltung seiner inneren Gespanntheit im Alltag schöpferisch zum Ausdruck bringt, muss der Durchschnittlichere den Umgang mit seinen Dissonanzen einüben. Karlfried Graf Dürckheim schreibt hierzu

> *"Wie jedes Werk, jede Arbeit und jeder Beruf der Übung bedarf, so bedarf auch das Menschwerden der Übung. Jede Pflanze, jedes Tier ist dazu bestimmt, sich voll zu sich zu entfalten. So auch der Mensch."* [45)]

Es bleibt jedoch zu bedenken, dass der Mensch nicht von selbst wird, was er sein soll. Er wird es nur, wenn er sich selbst in die Hand nimmt und an sich arbeitet. So wird er selbst zum wichtigsten Werk seines Lebens als einzigartige unverwechselbare Individualität. Dieser Prozess nimmt seinen Anfang im Bewusstmachen wesenseigener Seelenkräfte. Dieses Bewusstwerden als Übung anzusehen und als einen Teil der Selbstverwirklichung zu betrachten ist notwendig. So erhellt sich der ureigene Charakter und stellt eine Verbindung her zum Ablauf seiner persönlichen Geschichte.

Als Therapeut habe ich mich längst abgewendet von der statischen Auffassung des Menschen vieler meiner Kollegen, für die Alter und Unwandelbarkeit identisch sind. Menschliches Darleben und Dasein ist für mich ein dynamischer Prozess, ein ständiges stirb und werde, wie Goethe es ausdrückt in:

> "Wenn Du das nicht hast,
>   Dieses stirb und werde,

Bist Du nur ein armer Gast
Auf dieser trüben Erde"

Es wird dadurch nicht zuletzt auch eine stärkere Selbstverantwortlichkeit des Patienten gegenüber seinen Leiden gefördert, verbunden mit der Erkenntnis der eigenen Wandlungsfähigkeit zum Besseren.

Die integrative astrologische Psychodiagnostik kann also eine Methode sein, den dynamischen Prozess menschlicher Selbstentfaltung anhand des Aspekt-Gerüsts zu verstehen. Ein weiterer wesentlicher Faktor, den ein Psychogramm aufzeigen kann, ist eine von Geburt an strukturelle Bezogenheit des Einzelnen auf die soziale Mitwelt. Denn genau diese soziale Mitwelt ist Quelle von Leid, Schmerz und Freude. So beinhaltet ein Psychogramm zwei Komponenten: Die Zeit und den sozialen Raum. Für den therapeutischen Prozess nimmt die Analyse der Bezogenheit der Person auf ihre soziale Umwelt einen gleich bedeutenden Rang ein wie die Analyse der Person selbst. Eigenwelt und Fremdwelt gehören untrennbar zusammen, und die Beziehung zwischen Ich und Umwelt ist äquivalent mit der Beziehung der Umwelt auf das Ich.

Durch die im Psychogramm angelegte Bezogenheit der endogenen Wesenskräfte auf die soziale Umwelt (auf die ich später näher eingehen werde), formt sich durch Austausch Identität und Schicksal, formt sich Persönlichkeit - gedacht als wesenhaftes Durch-Tönen der Person. Das oben zitierte Gedicht von Goethe spiegelt hierbei die Notwendigkeit der Wandlung wider. Wer Not-wenden will, bedarf der Wandlung. Wären wir vollkommen, müssten wir uns nicht wandeln. So dürfen wir den Zustand, in dem wir uns befinden, nie als vollkommen betrachten. Diese Auffassung vom Leben zeigt einen wesentlichen Sinninhalt unseres Lebens auf Erden und zeigt, dass dieses Leben ein höchst notwendiges ist.

Dabei meine ich mit Wandlung nicht einfach eine Veränderung des Schauplatzes, sondern eine grundsätzliche und anhaltende Wesensänderung, oder besser gesagt eine Entfaltung unseres Wesens, denn unser Wesen können wir nicht ändern. Ich meine damit, den im Verborgenen liegenden Wesensbestand aufzuschließen, sich auf die eigenen kosmisch-archaischen Wurzeln seines Wesens zu besinnen und hieraus eine schöpferische Lebensgestaltung anzustreben.

So wird eine Wesensanalyse gleichzeitig zu einer Wahrheitsbetrachtung. Was an mir ist wahrhaftig, was ist Wunsch und Einbildung, Eitelkeit, Hochmut etc. Dadurch wird eine solche Analyse zu einem Ehrlichkeitsspiel mit sich selbst. Im therapeutischen Prozess kann daher eine Aufrichtigkeit und Offenheit erreicht werden, die im normalen Alltag kaum möglich ist.

Der Lohn dieser Aufrichtigkeit und Offenheit ist ein Mensch, der durch seine Offenheit im Offenen lebt. Der sich mutig und offen stellt und so frei von Furcht und Angst wird. Gleichzeitig lernt er, Verantwortung für sich selbst zu übernehmen, und das in jeder Hinsicht. [46]

Ein im Offenen lebender Mensch **hat** nicht mehr und **kann** nicht mehr, sondern er **ist** mehr, er **seint** mehr. Dazu Bo Yin Ra:

*"Wer mehr sein will als er ist, **ist** zu wenig."*

So steht dann ein verwandelter, gereifter Mensch dem Alltag gegenüber, den er mit Stärke, Klarheit und Offenheit bewältigt. Er ist sich bewusst darüber, dass - unbekümmert um die innere Stimme - die Welt ihr Recht fordert, und - unbekümmert um die Stimme der Welt - sein Wesen sein Recht fordert, und er weiß, wie er dieser Wirklichkeit genügen kann. Jesus Christus sagt: Gib dem Kaiser, was des Kaisers ist, gib Gott, was Gottes ist.

4.3 Die Wirkkräfte und die Leiblichkeit

Im weiteren möchte ich die Methode der integrativen astrologischen Psychodiagnostik und deren Beziehung zur Leiblichkeit des Menschen darstellen. Hierzu dient mir der Begriff des Temperamentes, mit dem ich versuche, organische Reaktivität und Affektivität darzustellen.

Wie die Erfahrung zeigt, ist der eine Mensch leichter bereit sich zu wandeln, dem anderen fällt es schwerer. Der erste ist eine leichte Frohnatur, der zweite eher ein schwermütiger Typus. Wir sagen daher, dass diese Menschen verschiedene Temperamente haben. So gehört zur integrativen astrologischen Psychodiagnostik als ein weiterer wesentlicher Faktor die Analyse der Temperamentslage eines Menschen und deren organische Entsprechungen. Der Begriff Temperament kommt von dem Lateinischen "temeramentum", was so viel bedeutet wie "das richtige Verhältnis gemischter Dinge". Der Begriff beinhaltet, dass das Temperament ein Mischungsverhältnis verschiedener Temperamentslagen ist. Daher ist der Begriff so zu verstehen, dass sich im Gesamttemperament eines Menschen verschiedene Temperamentslagen in einer individuell bestimmten Aufeinanderbeziehung vereinigen. Für G. Ewald ist Temperament:

"Ein mit dem Leben gegebener angeborener und nur in geringen Grenzen schwankender energetischer, biotonischer Dauerzustand." [47]

Im psychiatrischen Sprachgebrauch bezeichnet man als Temperament eine konstitutionsgebundene individuelle Eigenart der Reaktion im Bereich des Gefühls-, Willens- und Trieblebens. Das Temperament entscheidet dann vorwiegend über "persönliches Tempo", Psychomotorik und die Affekt-Ansprechbarkeit eines Menschen.

Selbst der rein naturwissenschaftlich orientierte Pavlov musste sich eingestehen, dass "konditionierte Reaktionen" bei Hunden nie völlig identisch waren. Er musste schließlich einräumen, dass die Wirkung von "Konditionierungen" in starkem Maße von den Temperamenten (konstitutionellen Veranlagungen) der einzelnen Hunderassen abhingen. Pavlov unterschied hierbei analog zu den Typen beim Menschen in melancholisch, cholerisch, sanguinisch und phlegmatisch.

Aufgrund der physiologischen Reaktion, z.B. der Affektansprechbarkeit, kommt der Analyse des Temperamentes vor allem bei psychosomatischen Erkrankungen eine bedeutende Rolle zu. Denn gerade die Reaktion auf die psychosozialen Einflüsse in der frühen Kindheit ebenso wie im Erwachsenenalter und deren psychisch-organische Verarbeitung sind bei jeder psychosomatischen, meist chronischen Erkrankung von wesentlicher Bedeutung.

Um die Temperamentsarten kennenzulernen und sie erfahrbar zu machen, bedarf es zunächst der Annäherung an die klassischen Bezeichnungen und Beschreibungen, wie sie ursprünglich von Hippokrates, Theophrastus und Galen aufgestellt worden sind. Auch der rational ausgerichtete Immanuel Kant beschreibt in seinem Aufsatz "Von der Art, das Innere im Menschen aus dem Äußeren zu erkennen" [48] die vier Temperamentarten.

Zu den Temperamentarten des Gefühls zählt er das sanguinische, das er auch das leichtblütige nennt, und das melancholische, welches er auch als das schwerblütige bezeichnet. Das erste hat nun die Eigenschaft, dass die Empfindung schnell und stark affiziert wird, aber nicht tief eindringt, nicht dauerhaft ist. Beim zweiten hingegen ist die Empfindungsaufnahme weniger auffallend, wurzelt sich aber tief ein. Auf dieselben Weise beschreibt Kann auch das cholerische - warmblütige - und das phlegmatische - kaltblütige -Temperament.

Kant gewann seine Erkenntnis vorwiegend aus seiner scharfen Beobachtungsgabe. Es zeigte sich ihm dabei nur das dominierende Temperament, nicht jedoch die differenzierte Gemischtheit, wie sie im wahren Wesen des Menschen angeordnet ist. Hier hat der astrologische Psychodiagnostiker einen großen Vorteil. Er kann nämlich viel differenzierter in die Aufeinander-Bezogenheit der einzelnen Temperamentslagen Einblick nehmen, er erkennt die seelische Temperamentsmischung. Ein weiterer wesentlicher Vorteil besteht darin, dass die Zuordnung der

Temperamentsmischung nicht der Willkür des Beobachters unterliegt, was den Aspekt der Übertragung des Therapeuten auf ein Minimum reduziert.

Betrachten wir nun die astrologische Elementenlehre, so stellen wir fest, dass sie vier Elemente als Grundbausteine aufweist. Diese werden als Feuer, Erde, Wasser und Luft bezeichnet. Die Geschichte lehrt uns, dass die Temperamentbegriffe aus den vier Grundelementen entwickelt wurden. Dies ist nachzulesen bei Empedokles, Platon und Aristoteles. Um ein besseres Verständnis der vier Elemente und deren organischen Entsprechungen zu bekommen, ist es hilfreich, eine Analogie zu den Aggregatzuständen der Materie herzustellen.

Hierbei steht das Element Erde analog zu dem dichtesten stofflichen Zustand, der aufgrund der engen Kohärenz der Moleküle erstarrten, kompakten Masse. Dieser chemisch-physikalische Körper hat ein festes Gefüge und starre Grenzen.

Analog dem Element Feuer steht das Gegenextrem der starren Stofflichkeit: Die Moleküle erfahren eine Beschleunigung, reiben aneinander und erzeugen durch ihre Bewegungsenergie Wärme.

Analog den Element Wasser steht das Auflösen der starren Materie: Die Moleküle kommen in Fluss, schieben und drängen aneinander vorbei.

Analog dem Element Luft steht das Aufgeben des Zusammenhangs zur starren Materie: Die Moleküle sausen mit größter Geschwindigkeit durch den Raum, wobei die Masse sich verflüchtigt.

Die Analogie kann uns ein Mittel sein, organische Prozesse der Elemente besser zu verstehen. Auch im gewöhnlichen Sprachgebrauch finden wir die Elementen-Eigenschaften wieder, indem wir von "Erdenschwere", "hitzigem Feuerkopf", "Luftikus" etc. sprechen.

Den Elementen kann nun eine eindeutig e Zuordnung gemäß den Temperamenten zugewiesen werden:

Erde - melancholisch
Feuer - cholerisch
Wasser - phlegmatisch
Luft - sanguinisch

Die Zuordnung besagt jedoch noch nichts über die inhaltlichen Eigenschaften der Temperamente. Die im folgenden beschriebenen Inhalte sind aus der therapeutischen Praxis und aufgrund empirischer Analysen gewonnen. Ich lehne mich dabei an die Forschungsergebnisse von Thomas Ring an. [49)]

Die melancholische Gefühls- und Reaktionsart (Erde):

Das melancholische Temperament kann im Gefühlsbereich als nachhaltige Gefühlsschwere bezeichnet werden. Nachhaltig deshalb, weil die Gefühle sich schwer von dem Eindruck lösen können, der diese Gefühle hervorrief. Wir finden hier eine Verhaftung im Körperzuständlichen, im Äußerungsverhalten oft eine unnahbare Kälte, eine geringe Wandlungsbereitschaft verbunden mit einem

Absicherungs- und Abgrenzungsverhalten. Bei überwiegenden Anteilen dieses Temperaments bestehen depressive Tendenzen und ein wenig flexibles Gefühlsleben.

Die cholerische Gefühls- und Reaktionsart (Feuer):

Das cholerische Temperament äußert sich im Gefühlsbereich durch eine affektive Reizbarkeit mit einer starken Wucht, Motorik und Expansivität. Hier wird vor allem eine starke Gespanntheit, eine zwingende Leidenschaft erkennbar, die zur Sofortlösung drängt. So wird hier ein rasches Überleiten des Gefühlsverhältnisses auf Wirken, auf tätige Maßnahmen erkennbar. Diese Tätigkeit zielt darauf ab, ein Erobern oder Wegschaffen des Reizes zu erreichen. Durch die Umsetzung in Tatwille gelingt die Auflösung vom auslösenden Gegenstand. Hier finden wir auch ein direktes, offenes Bekunden von Liebe, Hass und ein unmittelbares Abreagieren von Spannungen. Komplexneigungen können hysterische, manische Züge annehmen. Hysterisch vor allem bei Behinderung des Auslebens, Freiheitsbeschränkungen, als unwürdig empfundenen Verhältnisses. Manische Züge treten meist als Kompensation narzisstischer Kränkungen auf.

Die phlegmatische Gefühls- und Reaktionsart (Wasser):

Das phlegmatische Temperament äußert sich im Gefühlsbereich dadurch, dass es gering haftende Gefühle zeigt, die sich leicht vom sie hervorrufenden Eindruck lösen und sich auf Seelenbilder und Gegenstände verlagern können, die auf irgendeine Weise daran anklingen. So ergibt sich eine leichte, einfügsame Lenkbarkeit und eine lebensweltliche Verwirklichung an Punkten des geringsten Widerstandes. Im Äußeren mehr lässig und bequem, ist die Umsetzung von Ziel und Tat meist ohne großen Nachdruck und wird auf Umwegen oder durch Anlehnung erreicht. Hier findet sich auch ein starkes schöpferisches Phantasieleben, welches zu einem Mittel wird, den Härten des Lebens auszuweichen. Komplexbildungen entstehen häufig dann, wenn die Bedingungen des Gemüts in Widerstreit mit äußeren Härten, Anstrengungen und Tätigkeitsanforderungen stehen. Daraus folgt oft ein komplexhaftes Festsetzen von Unterlassung und Versäumnis, wobei dann durch Minderwertigkeitsgefühle verstopfte Lebenswege gesucht werden.

Die sanguinische Gefühls- und Reaktionsart (Luft):

Das sanguinische Temperament zeichnet sich durch ein Nicht-Haften und Nicht-Stauen des Gefühls aus, da es sich seiner Spannung sofort entledigt. Es zeigt sich ein rasches Eingehen auf den Reiz, ein Mitschwingen, ein von einem zum anderen überspringendes Erleben. Beobachtbar wird hier ein zwanglose Anpassung, ein leicht hergestelltes Gleichgewicht. Diese Leichtigkeit verhindert jedoch eine Versenkung und Vertiefung. Wir finden hier eine nervenmäßige Reagibilität, ohne sich den Eindrücken lang hinzugeben. Die Komplexbildung liegt hier vorwiegend in einem Ausweichen vor Schwierigkeiten und Bedrückendem, vor allzu tiefen Reaktionen. Daraus ergibt sich die Fähigkeit, Unangenehmes leichtfertig zu vergessen und in das eigene Lebenssystem nicht Hineinpassendes zu übersehen.

Jede der hier kurz angesprochenen Temperamentslagen besitzen keine Wertungen. Über eine gelungene oder nicht gelungene Umgehensweise mit der eigenen Temperamentslage entscheidet der Grad der Individuation, die Bewusstheit des jeweiligen Menschen.

Wie ich zu Anfang erwähnt habe, kann die integrative astrologische Psychodiagnostik auch eine Beziehung des jeweiligen Temperamentes zum Körperlich-Organischen herstellen. Ich will dies im folgenden anhand der Temperamentsanalyse aufzeigen.

Die Beziehung des erdhaft-melancholischen Temperamentes zum Organischen:

Analog zum festen Körper findet sich hier die größte Langsamkeit der organischen Prozesse. Somit wird ein geregelter Lebenswandel dringlich, ebenso wie eine genaue Beachtung der Ernährungsweise. Krankhafte Symptome zeigen sich als stockender, träger Blutkreislauf, schlechte Oxidation – daher häufig Kältegefühle – sowie verzögerte Ausscheidung der Stoffwechselprodukte, relative säftearm, eher trocken, leichte Ermüdbarkeit. Erkrankungen sind hier vorwiegend chronisch, mit Verschleppungen. Die empfindlichen Organe sind dabei Haut, Darm, Gelenke, Knochen etc.

In der seelischen Haltung ist dieses Temperament eher an Tatsachen gebunden. So findet sich hier eine Sachlichkeit und Nüchternheit, die bis zu einem schwung- und begeisterungslosen Realismus gehen können. Dabei ist in der Praxis häufig zu beobachten, dass sich hinter sachlichen Einwänden eine pessimistische Abwehr verbirgt – aus

Angst vor der Wandlung. Das Prinzip der Wandlung ist hier eben nicht erwünscht, allem Lebendigen wird mit weitgehender Gefühlsdistanz und Gleichgültigkeit begegnet. Materielle Werte der Eigenexistenz und deren Absicherung stehen im Vordergrund. Die Stärke liegt in der zwar langsamen, aber konsequenten Verwirklichung des gefassten Vorhabens und der daraus resultierenden Verlässlichkeit.

Die Beziehung des feurig-cholerischen Temperamente zum Organischen:

Diese Temperamentsart zeigt das gegensätzliche Extrem zum Erdhaften, d.h. die größte Beschleunigung organischer Prozesse, somit auch regen Blutumlauf sowie gute Oxidation. Hier findet sich Körperwärme und Strahlkraft. Außenreize haben eine schnelle Auswirkung auf das Organische (Konversionsneurose!). Krankhafte Symptome zeigen Tendenzen zu akutem Fieberverlauf, Entzündungen und schnelle allergische Reaktionen. Bewegung und Sport in der freien Luft ist hier sehr wichtig.

Wie oben erwähnt wünscht sich die seelische Stimmungslage Sofort-Erledigungen, rasche Tätigkeit. In den Leidenschaften besteht Neigung zu Ungestüm und Übertreibungen. So finden wir hier keine große Verlässlichkeit im Einhalten von Versprechungen. Optimistische Lebensbejahung, Risikobereitschaft, Impulsivität, Tatkraft sind häufig beobachtbare Merkmale dieser Temperamentsart, ebenso aber auch Großmannssucht und Übertreibungen bis hin zur Manie.

Die Beziehung des wässrig-phlegmatischen Temperamentes zum Organischen:

Hier stehen die organischen Prozesse in einer starken Wechselbeziehung mit der Gefühls- und Stimmungslage. Diese Temperamentsart ist von sich aus langsam und träge. Die Gefühlslage ist eher unklar, nebelhaft. Ein solcher Mensch bedarf vielen Zuspruchs und ermunternder Eindrücke. Bei Erkrankungen kommt hier dem Seelischen eine stärkere Bedeutung zu als bei den anderen Temperamenten. Heilmittel zeigen eine gute Ansprechbarkeit und Wirkung. Der eher langsame Stoffwechsel und der niedrige Blutdruck können durch Bewegung verbessert werden. Bei einer starken Betonung dieses Temperamentes wird ein Säftereichtum erkennbar, ebenso starke Schleim- und Drüsenabsonderungen.

Die seelische Gestimmtheit zeigt eine sensitiv-einfühlsame, mit der Atmosphäre mitschwingende Stimmungslage. Eine ausgeprägte Abhängigkeit von der Umgebung und vom sozialen Umfeld ist erkennbar. Im menschlichen Austausch wird eine harmonisierende, symbiotische Verbindung angestrebt wobei durch mangelndes Selbstgefühl leichte Beirrbarkeit und schneller Fassungsverlust entstehen. Es bedarf daher stetiger Anstöße von außen, um konkrete Ziele zu erreichen und durchzusetzen. Wir finden hier häufig eine rührsam-sentimentale Seite, verbunden mit einer starken Empfänglichkeit und Anpassungsfähigkeit, den Tagträumer und den Suchtgefährdeten.

Die Beziehung des luftig-sanguinischen Temperamentes zum Organischen:

Dieses Temperament wird beschrieben als eine Überhastung der organischen Prozesse, wobei hier festzustellen ist, dass das Seelische oft den Zusammenhang mit der körperlichen Basis zu verlieren scheint. Die Antriebsdynamik findet vorwiegend im gedanklichen Bereich statt und entfaltet hier eine rege Tätigkeit. Hier finden wir ein leicht erregbares Nervenkostüm und eine damit verbundene flüchtige Nervosität. Daher ist vor allem die Atemregelung zu beachten, denn oft wird eine Verflachung der Atmung erkennbar. Daraus folgt natürlich eine mangelnde Versorgung der Nerven mit Sauerstoff und damit eine nervenmäßige Überforderung. Weiterhin zeigt dieses Temperament eine starke äußere Beweglichkeit bei teilweiser innerer Apathie.

In der seelischen Haltung lässt sich ein kommunikativer, redseliger Austauschhunger beobachten. Liebe und Freundschaft dürfen keinen starken Belastungsproben ausgesetzt werden. Belastungen finden eher im Ideologischen, Ideellen ihre Stabilität. Hier finden wir lebhaft-flüchtige Impulse bei Mangel an seelischem Tiefgang, Sinn für geistreiche Ironie, Wort- und Gedankenspiele, die mit einer beeindruckenden Leichtigkeit vollzogen werden, Redegewandtheit. Komplexhafte Erkrankungen betreffen meist die gedankliche Abspaltung, Neidkomplexe, Wahn etc.

Die obigen Temperamentsbeschreibungen sind als idealtypische Annäherungen zu betrachten. Sie betreffen nicht die Gesamtpersönlichkeit eines Menschen, sondern eine Mehr- oder Minderbetonung unterscheidbaren Grades im Teilhaben an mehreren Temperamentsarten. [50]

Als astrologisch geschulter Psychodiagnostiker ist es möglich, im Gespräch verschiedene Betonungen einzelner Temperamentslagen differenzierter zu erkennen. Anhand dieser empirischen Grundlage besteht die Möglichkeit Handlungs- und Verhaltensschemata der betreffenden Person aufgrund von Temperament und seelischer Haltung besser zu verstehen. Das Verständnis und der Zugang zu einem Patienten sind weitaus größer, als es jede psychologische Typologie bieten kann. Dies erweitert und erleichtert den therapeutischen Prozess.

Um die Gemischtheit eines Gesamttemperamentes etwas zu verdeutlichen, möchte ich kurz die Beziehung der immanenten Wesenskräfte zu den Temperamentslagen an einem Beispiel aufzeigen:

Befindet sich das Symbol des sinnlich-eroshaften, die Venus, in einem erdhaft-sachgebundenem Zeichen, das Symbol des Trieb- und Dranghaften, der Mars, in einem feurig-organischen Zeichen, so kann das Trieb- und Dranghafte eine leidenschaftliche Dynamik entfalten, leicht ansprechbar und eroberungsfreudig sein. Das sinnlich-eroshafte Nachklingen, die Genussfreude, die Öffnungsbereitschaft in der körperlichen Intimität verläuft jedoch in wesentlich langsamerem Tempo. So steht die körperliche Kontakt- und Genussfähigkeit in Widerspruch zu der leidenschaftlichen, eroberungsfreudigen Dynamik. [51]

Ebenso kann die Intelligenzanlage etwas Luftig-Leichtes, seelisch Unbeteiligtes haben, wenn sich das Symbol Merkur in einem luftig-ideellen Zeichen aufhält bei starker seelischer Affektansprechbarkeit mit Mond in einem feurig-organischen Zeichen. Entsprechend kann auch das

Trieb- und Dranghafte etwas Schwergehemmtes an sich haben, wenn Mars sich in einem erdhaft-sachgebundenem Zeichen aufhält.

Also spiegeln sich durch den Aufenthalt der Planetensymbole in den verschiedenen Elementen wesensgemäße Temperamentsanlagen und Reaktionsweisen der betreffenden Person wider. Diese Anlagen werden nun individuell gemischt und durch die Gesamtpersönlichkeit zum Ausdruck gebracht. Hierbei entscheidet das jeweilig erreichte Entwicklungsniveau der betreffenden Person über die Qualität des zum Ausdruck Gebrachten.

Besonders die psychosomatische Medizin kann sich diese immanenten Wesenskräfte und deren Wirkungsweise dienstbar machen. Denken wir hier insbesondere an die chronischen Erkrankungen wie Polyarthritis und deren Bezug zur Aggressionshemmung. Hier eröffnet sich ein weites Feld der Forschung.

Natürlich können keine Kausalbeziehungen hergestellt werden, denn es muss immer die Gesamtpersönlichkeit, deren Erbanlage und soziale Eingebundenheit mitberücksichtigt werden. Jedoch kann die integrative symbolische Diagnostik wirklich immanente Ursachenherde psychosomatischer Erkrankungen aufzeigen.

Wir haben nun einen kleinen Einblick bekommen, wie ein Erwachen zu unserem ureigenen Wesen möglich wird. Durch das Bewusstwerden unserer inneren Psychodynamik, unserer Temperamentsmischung, können wir die Anlage unseres Wesenskerns bewusster gestalten und geformt zum Ausdruck bringen in lebensweltlicher Eingebundenheit. So fehlt uns in unserer Diagnostik noch, die Erkenntnis über eine strukturelle Bezogenheit auf unsere Lebensumwelt, damit wir auch hier eine bewusstere Auseinandersetzung mit der uns feindlichen oder förderlichen Welt erreichen können.

4.4 Die strukturelle Bezogenheit des Einzelnen auf seine Mitwelt

Wie ich zu Anfang betont habe, kann sich ein Patient durch eine symbolisch fundierte Therapie bewusst werden, wie er sich durch eine sinnvolle und ihm wesensgemäße Lebensgestaltung im Alltag verwirklichen kann. Von einer gelungenen Selbstverwirklichung können wir aber nur dann sprechen, wen sich ein Mensch von seinem Wesen her äußert und sich in der Welt wesensgemäß darlebt. Das wesensgemäße Darleben in der Welt wiederum aber gelingt ihm nur, wenn er sich über seine soziale Bezogenheit zu seiner Mitwelt bewusst wird. Nur im Bewusstsein der untrennbaren Zusammengehörigkeit von Eigenwelt und Fremdwelt kann er durch den Austausch zwischen Ich und Umwelt sein Ich formen, seine Identität erarbeiten.

Aufgrund meiner täglichen Erfahrungen in der therapeutischen Praxis habe ich die Möglichkeit, bei allen meinen Klienten verschiedene Interessenslagen gesellschaftlicher Natur festzustellen. Der Eine findet seinen Schwerpunkt in der Familie, der Andere im beruflichen Vorwärtskommen, ein Dritter im Engagement für sozial Schwache oder gesellschaftliche Randgruppen etc.

Die genaue Analyse eines Psychogramms zeigt nun, dass diese Affinitäten zu den verschiedenen sozialen Interessenslagen nicht zufällig sind, sondern dass es eine im Psychogramm vorgezeichnete strukturelle Bezogenheit gibt.

Auch hier können wir uns durch die empirischen Analysen Thomas Rings einen Einblick verschaffen. Dieser spricht in diesem Zusammenhang von Interessenssphären. Damit meint er eine Art des "Hingeordnetseins zur Welt". Der einzelne Mensch wird zum Gestalter seiner Welt, die er als zentralen Mittelpunkt erfährt. Seine Beteiligtheit, seine Aufmerksamkeit des Verstandes oder seines Gefühls zu diesen lebensweltlichen Interessenssphären besitzt verschiedene Grade der Intentionalität. [52)]

Entscheidend ist sein Interesse. Interesse ist hier in seinem ursprünglichen Sinne gemeint, nämlich als ein "Dazwischen-Sein" des Ichs in seiner Umwelt. Jedem Interesse aber geht ein Antrieb, eine Intention voraus. Ein Antrieb jedoch, der am wenigsten dem rationalen Ich zuzuordnen ist. [53)] Dies zeigt sich im lebensweltlichen Alltag dadurch, dass oft ein "schicksalhaft aufgedrungenes, bewusst nicht gewolltes Erfahren-müssen von Ereignissen geschieht."

Die astrologische Psychodiagnostik bringt auch hier eine sinnvolle Erklärung dieser schicksalhaften Ereignisse, indem sie ein Hingeordnetsein der Individualität auf die Welt aufzeigt. So bringt diese Lehre eine empirisch fundierte

Begründung für die bewusste und unbewusste intentionale Beziehung des Einzelnen zur Welt. Der Begriff der Intentionalität wurde von dem Philosophen Franz Brentano begründet und von Edmund Husserl weiterentwickelt. In der von Husserl entwickelten "Phänomenologischen Erkenntnistheorie" durchzieht der Begriff der Intentionalität des Bewusstseins sein gesamtes philosophisches Werk.

Für Husserl liegt eine intentionale Bezogenheit von Welten vor, die den Grad der Anonymität und Intimität betreffen. Angefangen von der unmittelbaren Lebenswelt, in der ich lebe, über die objektiven Welten der jeweiligen Intersubjektivität bis hin zur Welt einer möglichen Menschheit überhaupt. Grundsätzlich gilt bei allen, dass der letzte Sinnbereich der phänomenologischen Evidenz immer nur bei mir selbst liegt. Die Welt bestimmt sich so in der Philosophie Husserls als Korrelat der "Person".

Hier zeigen sich eindeutige Parallelen zur astrologischen Wesenslehre, die ebenso wie die Phänomenologie Husserls den Ausgang jeder Erkenntnis von je eigenen "faktischen Ich" fordert, das ich selbst bin. So ist es nicht verwunderlich, dass die späten Werke Husserls einen absolut immanenten teleologischen Charakter zeigen, der auf ein im Unendlichen liegendes Ideal einer Menschheit verweist. An dieser Menschwerdung mitzuarbeiten betrachtet der späte Husserl als den eigentlichen Sinn seiner philosophischen Bemühungen.

Die Phänomenologie Husserls und der Intentionalitätsbegriff nehmen durch Karl Jaspers, Ludwig Binswanger u.a. Einfluss auf die medizinische Psychiatrie.

Auch der Begründer der Neo-Psychoanalyse, Schulz-Henke, übernimmt den Begriff der Intentionalität von Husserl. Er spricht von einem Drang nach intentionaler Hinwendung des Kleinkindes zur Welt im ersten Lebensjahr, der "intentionalen Phase". So beachtet man auch in diesen Bereichen die intentionale Bezogenheit des Subjekts (Unterworfenseins; sub-jektere) auf seine Umwelt.

Die astrologische Symbollehre und vorwiegend die Untersuchungen von Thomas Ring leiten nun die intentionale Beziehung des Subjekts aus dem zugrunde liegenden Psychogramm ab. Durch die Felderaufteilung – auch Häuser genannt - wird der astrologische Kreis in zwölf Interessenssphären aufgeteilt. [54)] Diese sind als zwölf Erfahrungsbereiche des Austausches mit der sozialen Umwelt zu verstehen.

Im persönlichen Psychogramm zeigt sich eine Bezogenheit der immanenten Wesensprinzipien (Planetensymbole) und deren Affinität zu diesen zwölf Erfahrungsbereichen. Ich möchte im folgenden diese Bereiche auf der Grundlage der Analyse von Thomas Ring beschreiben.

Die ersten drei Felder, deren Anfang durch die Geburtsstunde bestimmt wird, gliedern sich folgendermaßen:

Das Persönliche - 1. Feld (Persönlichkeit)

Durch die Berechnung des Aszendenten, der zugleich das 1.Feld begründet und der markanteste Punkt im individuellen Psychogramm ist, nehmen die Erfahrungsbereiche ihren Ausgangspunkt. Bezeichnet wird dieses erste Feld als "Persönlichkeitsfeld". Hier findet sich die Grundform der äußeren Erscheinung einer Person - Gestaltbau, Gesichtsbildung, Gebärde und Bewegungsweise. Bei einer starken Besetzung dieses Feldes besteht ein vordringliches Interesse an der Entwicklung der Eigenperson aus sich selbst. Persönliche Motive wollen in Szene gesetzt werden. Der Drehpunkt liegt im Eigenpersönlichen.

Das Materielle - 2. Feld (Eigentum)

Hier liegt die Betonung auf der Aneignung von materiellen und geistigen Gütern, mit denen das Ich in der Welt Fuß fasst; also der Erwerb von Dingen zur Fristung der Existenz und deren Verwendung. So besteht ein besonderes Verhältnis zu selbsterworbenen Dingen, teilweise sogar eine Einverleibung von Dingen in den persönlichen Bestand.

Das Spirituelle - 3.Feld (Werdegang)

Die Bedeutung dieses Feldes liegt in der Betätigung des Lern- und Bildungstriebes, verbunden mit dem Drang nach geistigem Austausch. Angestrebt wird hierbei die Aneignung von Wissensstoff und ein daraus resultierender Lebensmodus, sich von den Verhältnissen der Herkunft zu unterscheiden. Die eigene Werde-Persönlichkeit wird mit anderen verglichen und in ihnen gespiegelt.

Die drei nächsten Bereiche betreffen die Entwicklung der Tiefenperson und gliedern sich folgendermaßen:

Das Psychische - 4. Feld (Wurzelboden)

Dieses Feld gibt einen Hinweis auf das Verhältnis zum Elternhaus, zur Heimat. Ebenso besteht eine Affinität zu einer selbstgegründeten Familie und zur Häuslichkeit. Die heimische Atmosphäre ist hier bedeutend, bis zum konsequenten Rückzug ins Private.

Das Persönliche - 5.Feld (Fortzeugung)

Hier steht die Bedeutung der Liebesbeziehungen mit ihren Hoffnungen und Enttäuschungen im Vordergrund; starke Ereignis- und Erlebnistendenzen in diesem Bereich. Kinder und das Verhältnis zu Kindern. Im erweiterten Sinne die Fortzeugung im schöpferischen Werk. Kunst, Unternehmungen, Sport, Spiel, Unterhaltung etc. Ein sich gestaltender Schau- und Darstellungstrieb.

Das Materielle - 6. Feld (Arbeit)

Dieses Feld zeigt eine Beziehung zum Erwerb von Handfertigkeiten oder sonstigen Leistungsspezialisierungen an. Methoden und funktionelle Durchführung der Arbeit spielen hier eine große Rolle. Ordnen der Dinge nach Funktion und Gebrauchsfähigkeit für beabsichtigende Zwecke. Ebenso Gesundheit, Hygiene, Ernährungsformen. Betriebs- und Arbeitsatmosphäre.

Die nächsten drei Felder betreffen die Bedeutung der Fremdperson.

Das Spirituelle - 7. Feld (Zusammenleben)

Auseinandersetzungen mit dem Du, mit dem Anderssein rücken hier in den Vordergrund. Durchsetzung in der unmittelbaren Umwelt ein starkes interessenmäßiges Verknüpftsein. Bedürfnis nach Anregung und geselligem Umgang. Das Strittig werden der Ichtriebe an Recht und Person des Du. Das Zusammenleben zu Zweien, gelungene Lebenskameradschaft bringt Persönlichkeitswachstum. Eine Offenheit für geistigen Zustrom im unmittelbaren Austausch.

Das Psychische - 8. Feld (Lebenshintergrund)

Die Leistungsform wird aktiviert durch Ansaugen und Umsetzen fremder Energien aus der engeren Umgebung. Das Feld der seelischen Bindungen und deren Transformation. Ein Getragen sein durch soziale Umweltatmosphäre. Befassen mit den Rätseln und den Geheimnissen des Lebens, Grenzfragen, metaphysische Anschauungen.

Das Persönliche - 9. Feld (Leitziele)

Hier besteht eine Affinität zu Glaubensdingen, Glaubensbewegungen, Missions- und Entdeckungsreisen, politischen Umgestaltungsversuchen. Ein Vorstoß in Überpersönliches und Internationales, wozu ein persönlicher Kontakt besteht, z.B. auch zu Organisationen völkerüberbrückender gemeinnütziger Einrichtungen. Expansion über das angestammte Milieu hinaus. Auswanderung und schroffer Bruch mit der Herkunft, weite Reisen als ein mehr äußeres Kennenlernen der Welt. Gesucht wird ein weltanschaulicher Blickpunkt und dessen religiöse Durchbildung.

Die nächsten drei Felder betreffen die Repräsentativperson.

Das Materielle - 10. Feld (Öffentlichkeit)

Hier dringt eine Realitätsbewältigung vor den Augen der Allgemeinheit in den Vordergrund. Der Selbstbeweis findet unter geltenden Normen, Anschauungen und einer sozial gültigen Form des Auftretens statt. Hervortreten aus der Anonymität. Erwerb von Anerkennung, Amt, Würde, Macht und Ruhm. Gesellschaftlicher Aufstieg, aber auch seine Gefährdung. Berufliches Streben kann sich auch als hinauf dienendes Strebertum darstellen oder als die Figur des Selfmademan mit eigenmächtigen, skrupellosen Methoden.

Das Spirituelle - 11. Feld (Zeitgeist)

Hier zeigt sich die Fähigkeit, den Erwartungen der herrschenden zeitlichen Phase und ihren Werten gegenüber richtig zu liegen. Auswertungen von Beziehungen ideologischer Gemeinschaften, gefundene Gönner, Ratgeber und Fürsprecher. Protektion oder auch das Gegenteil, Missleitungen, verfehlte Anstrengungen, vorwärtsbringende Bekanntschaften zu machen. Zusammenschluss von Gesinnungsgenossen - oder Zweckbeziehungen, Vetternwirtschaft. Philanthropische Bestrebungen.

Das Psychische - 12.Feld (Anonymität)

Abrücken von den offiziellen Brennpunkten gesellschaftlichen Lebens, Wirken aus dem Verborgenen. Humanitäres Wirken in der Stille. Affinität zu Heil- und Pflegeanstalten, Krankenhäusern und Klöstern. Innerlich betrachtende Orte der Prüfung, der Läuterung. Heraustreten aus bürgerlichen Bindungen.

Durch die oben beschriebenen Erlebnissphären konnten wir uns einen Einblick verschaffen in die Felderaufteilung der astrologischen Symbollehre. Die empirische Überprüfung jedoch kann nur am lebendigen Menschen stattfinden, denn hierzu gehört eine genügende Fülle von Anschauungsmaterial. Der geübte astrologische Psychodiagnostiker kann im Psychogramm eines Individuums dessen angeborene Grundeinstellung auf die Gegenständlichkeit der Welt erkennen. Es zeigt sich die persönliche Motivlage eines Menschen, wodurch sein Verhalten von innen her einsichtig wird.
Diese unbewusste Dynamik gegenüber der sozialen Umwelt in den therapeutischen Prozess mit einzubeziehen, ist mir selbst ein unentbehrliches Mittel geworden, um den Selbstwerdungsprozess eines Klienten zu unterstützen.

An dieser Stelle möchte ich kurz auf die Thematik der Zusammenhänge zwischen Umweltrealität und psychischer Innenwelt eingehen. Der Begründer der Psychoanalyse, Sigmund Freud, stellte die äußere Realität als die Macht des unabänderlichen Schicksals dar. Er meinte, dass der Mensch am besten dran ist, dessen psychische Konstitution fähig sei, ihre Funktion der Umwelt anzupassen.

"Wer die Umwelt umschaffen wollte, um aus ihr die unerträglichen Züge zu tilgen und sie bedürfnisgerechter zu gestalten, der müsste scheitern"

Diese Einstellung veranlasste Freud dazu, die aktuelle Umwelt aus der Therapie fernzuhalten, um die Arbeit an den innerpsychischen Prozessen nicht zu stören. Diese Freudsche Stellungnahme bedeutet so eine klare Absage an alle sozialpsychologisch orientierten Therapeuten.

Mittlerweile hat sich jedoch gezeigt, dass der Verknüpfung innerseelischer Probleme mit Störungen im Umweltverhältnis eine immer größere Bedeutung zugemessen wird. Innere Unfreiheit und äußere Unfreiheit werden mehr als früher aufeinander bezogen. So ist für mich als sozialpsychologisch geschulter Therapeut das Erkennen der Art des Austausches des Individuums mit der sozialen Umwelt ein zentraler Punkt in meiner täglichen Arbeit.

Im folgenden Kapitel möchte ich versuchen, der Seinslehre vom Wesen des Menschen ein philosophisches Fundament zu geben.

5. Die astrologische Psychodiagnostik als ontologische Interpretation

Durch die bisherigen Ausführungen der astrologischen Symbolik - verstanden als menschenkundliches Material - habe ich versucht, dieser Lehre ihren mystischen Charakter zu nehmen, sie zu "entzaubern" und auf empirische

Fundamente zu stellen. In diesem Sinne möchte ich meine Ausführungen weiter gestalten und mich im folgenden Kapitel einem Thema zuwenden, welches zahlreiche Literaten kunstvoll darzustellen verstanden.

Hierbei handelt es sich um die merkwürdige Verbindung von Charakter und Schicksal. Vor allem in Novellen dargestellt, werden uns Charaktere aufgezeigt, denen ein unerbittliches Schicksal den Weg vorzeichnet. Ähnliches können wir an Biographien berühmter Persönlichkeiten feststellen. Man denke dabei z.B. an die Figur des Michael Kohlhaas, dessen eigenen Werdegang Heinrich von Kleist so eindrucksvoll zu schildern vermochte.

In der modernen Psychotherapie, Psychologie, Soziologie und andern Humanwissenschaften wird diesen eindringlichen Darstellungen viel zu wenig Beachtung geschenkt. Dies führt zu dem Ergebnis, dass die Begriffe "Charakter" und "Schicksal" in diesen Wissenschaften praktisch gar nicht mehr existieren.

Ich versuche im folgenden, ein neues Grundlagenverständnis menschlicher Existenz, charakterlicher Prägung und deren schicksalhaftem Werden zu formulieren.

Sind wir nicht alle Helden, hineingeworfen in eine jeweilige Zeitepoche, in der sich unser Schicksal bewusst oder unbewusst formt? In der sich unser Charakter prägt? Worin sich im Unterbewussten von der Geburt zum Tode Sinn herausbildet? [55]

Betrachten wir zunächst die wissenschaftlichen Ausführungen über den Charakterbegriff, so stellen wir fest, dass er in den modernen wissenschaftlichen Schulen und Strömungen nicht mehr geführt wird. Anstelle des Charakterbegriffs finden wir heute den Begriff "personality". Da die deutschsprachige psychoanalytische Tradition immer von "Charakter" gesprochen hat, wird auch hier die Amerikanisierung deutschen geisteswissenschaftlichen Denkens erkennbar.

Ich selbst verwende den Begriff "personality" in meinem Konzept nicht, da er mir aus folgenden Gründen als ungeeignet erscheint:

- Er ist kein wissenschaftlicher Begriff, ist viel zu statisch aufgebaut und lässt daher keinen Raum für die Psychodynamik menschlicher Erfahrung und Werdung

- Er entspringt einer rein naturwissenschaftlich orientierten Psychologie behavioristischer Tradition, der ein erkenntnistheoretischer Grund und Boden fehlt und die das Mensch-Sein auf reine Funktionalität reduziert.

So verwende ich zunächst den aus der deutschen Tradition stammenden Begriff "Charakter". Jedoch nicht als etwas vom übrigen Menschen und dessen Dasein Abgetrenntes, sondern in einer umfassenden Gesamtheit zu Verstehendes.

Liest man hierzu die umfangreiche und vielfältige wissenschaftliche Literatur, so erkennt man ganz schnell, dass eine große Verwirrung herrscht was die Bestimmung und Definition des Charakterbegriffs angeht. Ich möchte es uns daher ersparen, hier in diese Meinungsvielfalt und Kontroversen einzuführen. [56)]

Gehen wir daher wieder von dem Klassiker der Psychoanalyseforschung, Sigmund Freud, aus. Etwa um 1925 finden sich bei Freud zwei grundsätzliche Aussagen über den Charakter, denen in der Folge nichts Entscheidendes mehr hinzugefügt wird:

- Charakter ist Triebschicksal (1905)

- Charakter ist Identifizierung (1925)

In der wissenschaftlichen Lebenswelt herrschte für die Beschreibung des Charakterbegriffs folgender Konsens:

"Es wird die Notwendigkeit einer relativen Konsistenz und zeitlichen Stabilität betont. "

Durch Freud jedoch bekommt der bisher starre Charakterbegriff ein dynamisches Moment und somit eine temporale Qualität, die er mit der Verarbeitung von Triebkonflikten begründet. Wegen der ungenügenden Integration von Triebpsychologie und Sozialpsychologie, die Freuds gesamtes Werk durchzieht, enthält sein Charakterbegriff keine soziologische Dimension.

Erst Wilhelm Reich gelingt es, die psychosoziale Dimension des Charakterbegriffs in das Blickfeld wissenschaftlicher Untersuchungen zu rücken. Für ihn wird Charakter gleichermaßen vom Trieb wie von der sozialen Umwelt bestimmt. Er schreibt, aus psychosozialer Sicht sei Charakter ein

"erstarrter soziologischer Prozess einer bestimmten Epoche" [57)

Hinsichtlich dieser Analyse differenziert nun die weitere Psychoanalyseforschung den Charakterbegriff einerseits als das stabile, konsistente Moment die Charakterstruktur -, andererseits als das dynamische, konflikthafte Moment - den Charakter.

Forschungen auf diesem Gebiet und in dieser Art werden nun weitergeführt von Schulz-Henke, der die Bearbeitung der Charakterstruktur voranbrachte. Dann betonen Fromm, Horney, Sullivan, Hartmann und Erikson adaptive Funktionen und Konflikte als für die Charakterentstehung gleichwertige Aspekte. Erwähnt seien noch die interessanten Theorien des französischen Psychoanalytikers M. Bouvet. [58)

Durch die zahlreichen Forschungen einzelner Wissenschaftler tritt nun folgender Effekt ein:
Der Charakterbegriff abstrahiert sich mehr und mehr und wird so zur Fiktion. Er verliert seine Eingebundenheit im Gesamtzusammenhang "Mensch-Sein". Er wird zu einer Ansammlung von Adverbien (Analcharakter, Urethralcharakter, Genitalcharakter etc.). Er wird zu einem Abstraktum.

Ich möchte diese Form der Charakterforschung nicht darstellen und auch nicht auf die differenzierten

Beschreibungen der zahlreichen Autoren eingehen, da sie den Leser nur unnötig verwirren würden.

So fasse ich den Charakterbegriff etwas allgemeiner zusammen:

"Der charakterliche Anteil eines Individuums setzt sich zusammen aus einer stabilen, konsistenten Charakterstruktur, welche sich durch eine individuelle Dynamik im Austausch mit der Objektwelt einer jeweiligen Kulturepoche im zeitlichen Ablauf heraus formt."

Betrachten wir den Charakterbegriff nun auf diese Weise, so er in einer solchen Interpretation zum dynamisch verstehbaren Einzelschicksal mit seinen ganz individuellen Anpassungs- und Abwehrmechanismen. So verstanden meint der Charakterbegriff etwas, was das ganze Lebensschicksal kennzeichnet; das Dasein eines Menschen, seine subjektive Existenz. Eine solche umfassende Betrachtung des Charakterbegriffs erfordert notwendigerweise einen neuen methodologischen Zugang zum Verständnis menschlicher Existenz.

Ludwig Binswanger forderte dies bereits seit 1942 [59]. Er wollte eine Abkehr von der einseitig naturwissenschaftlichen Ausrichtung der Psychiatrie und Psychologie. Ebenso wie ich war Binswanger der Meinung, die Grundidee von Descartes, die zur Subjekt-Objekt-Spaltung der Welt geführt hatte, sei das "Krebsübel" der Wissenschaft.

Binswanger begründete so seine „Daseinsanalyse", die einem wissenschaftlichen Bedürfnis entsprang, das in der

Unzufriedenheit gründete, dass der Psychopathologie ein eigentlicher erkenntnistheoretischer Grund und Boden fehle. Seine Daseinsanalyse stellte sich so die Aufgabe, die jeweilige Gefügeordnung des Daseins eines bestimmten einzelnen Menschen in den Blick zu bekommen, und zwar unabhängig von der Unterscheidung zwischen gesund und krank, zwischen normgemäß und normwidrig.

Die erkenntnistheoretischen Fundamente für seine Daseinsanalyse fand Binswanger in Martin Heideggers „Sein und Zeit". Beeinflusst von diesem Werk beinhaltet seine Daseinsanalyse die fundamentalontologische Frage nach dem „Sinn von Sein". So rückt für ihn nicht der Charakter, die Krankheitserscheinung, das Symptom in den Mittelpunkt seiner Analyse, sondern das Dasein eines Individuums und dessen Sinn.

Es geht Binswanger nicht nur um die Deskription des sinnlich Erfahrbaren, sondern um ein Begreifen des „Wesens des Sich-Zeigenden", das meistens verborgen ist und daher hermeneutisch erschlossen werden muss. Er versucht somit vom Er-scheinen (Schein) verstehend in das wesenhafte Sein vorzudringen.

Ich möchte nun im folgenden die Intentionen von Binswanger und Heidegger aufgreifen und versuchen, mich dem „Grundgefüge des Daseins" eines einzelnen Menschen, dem Sinn von Sein und dessen Verbindung mit dem Lebensschicksal auf eine hermeneutische Weise zu nähern. Hierbei verwende ich als Methode das empirische Material der astrologischen Symbollehre, wie es von Thomas Ring und Fritz Riemann erfahren und gesammelt wurde.

Dabei wird jedoch ein erkenntnistheoretischer Wandel vollzogen, denn wir können weder den Charakter noch das Symptom als gesondertes „Etwas" eines Menschen begreifen, sondern wir müssen einen Menschen in seiner einzigartigen „Seinsweise" verstehen lernen, wobei Charakter und Symptome lediglich sinnbesetzte Erscheinungsformen eines wesenhaften Ganzen sind. In diesem Sinne möchte ich mich dem „Wesen des Sich-Zeigenden" nähern. Ebenso wie Binswanger orientiere ich mich zunächst an Heideggers „Sein und Zeit.

Deutlich wird, dass wir uns der Wirklichkeitsfrage im Felde unseres Gesamtwissens neu zu stellen haben, dass es hier nicht mehr um Astrologie geht, sondern um empirisch erfahrbare „Seinsweisen des Daseins".

Vorweg bleibt hier noch zu betonen, dass ich mit Heidegger darin übereinstimme, dass das Niveau einer Wissenschaft sich daraus bestimmt. In wie weit sie zur Akzeptanz einer Krisis ihrer Grundbegriffe fähig ist. Es handelt sich eben nicht mehr um die Astrologie, sondern um die Grundlegung einer „geisteswissenschaftlichen Psychologie", die sich die Frage nach dem Sinn von Sein des ganzen Menschen stellt, den man als leiblich-seelisch-geistige Einheit zu fassen gewohnt ist und somit wird eine neue Anthropologie begründet. [60)]
Eine Psychologie, die sich die Frage nach dem Leben selbst stellt, nach der Bedeutung des Seins der menschlichen Existenz im Dasein. Also nicht eine Psychologie, die in eine allgemeine Biologie eingebaut ist, sondern eine ontologische Psychologie.

Heideggers Intention ist, die Frage nach dem Sinn von Sein zu beantworten. Hierbei widmet er sich der Aufarbeitung der Seinsfrage, weil er bedauert, dass die Frage nach dem Sinn von Sein in Vergessenheit geraten ist und so unerledigt blieb. Er versteht darunter das „Durchsichtigmachen eines Seienden - des Fragenden - in seinem Sein. Er begründet so in Weiterführung von Husserl eine Erkenntnistheorie, deren Mittelpunkt das Subjekt selbst ist.

Ausgangspunkt für jede Analyse von Sein wird somit das Bewusstsein des Subjekts in seinem Dasein.

„Dieses Seiende, das wir ja selbst sind und das unter anderem die Seinsmöglichkeit des Fragens hat, fassen wir terminologisch als Dasein." [61]

Nur so kann nach Heidegger die Frage nach dem Sinn von Sein angegangen werden. Indem wir eine Beziehung vom Sein zum Dasein finden. Hierbei bezeichnet er das Seiende als das, was wir je selbst sind. Das Dasein ist somit Seiendes, das sich in seinem Sein verstehend zu diesem Sein verhält, also nicht logisch-rational, sondern verstehend.

Wir können diese Aussagen von Heidegger eine Hinwendung zum individuellen Subjektivismus nennen, der sich vom Innern heraus begründet und alles vom Standpunkt eines innewohnenden und sich erkennenden Selbst-Bewusst-Seins her betrachtet. Dieses Verhältnis - zwischen Selbst-Bewusst-Sein und Dasein - bezeichnet Heidegger als Existenz in ihrer ursprünglichen Bedeutung des „existere" als heraus -, hervortreten, zum Vorschein kommen. So ist die von ihm aufgeworfene Seinsfrage nichts anderes als die Radikalisierung einer zum Dasein selbst gehörenden Seinsexistenz, des vorontologischen Seinsverständnisses. [62)]

Damit verweist uns Heidegger auf Seinsbestimmungen und Seinsverfassungen als Daseinsarten des In-der-Welt-Seins.

„Diese Seinsbestimmungen des Daseins müssen nun aber a priori auf dem Grund der Seinsverfassungen gesehen und verstanden werden, die wir das In-der-Welt-Sein nennen." [63)]

Dieses In-der-Welt-Sein ist für Heidegger die Grundverfassung des Daseins. Dabei bezeichnet er das In-Sein als Seinsverfassung, als Existenzial.

„In-Sein ist ... der formale existenziale Ausdruck des Seins des Daseins, das die Wesenhafte Verfassung des In-der-Welt-Sein hat." [64)]

Die Frage nach dem Durchsichtigmachen eines Seienden in seinem Sein trifft genau den Punkt des „Erkenne Dich selbst", Dein Sein zum Dasein, Deine wesenhafte (innewohnende) Verfassung des In-der-Welt-Seins als vorontologisches Seinsverständnis.

Erkenne so Dein In-Sein als Deine Seinsverfassung des Daseins!

Will diese Seinsverfassung nun erkannt werden, dann nimmt das in solcher Aufgabe ausdrückliche Erkennen gerade sich selbst - als Welterkennen zur exemplarischen Beziehung der Seele zur Welt.

Heidegger begründet so in seinem Werk eine Fundamentalontologie als eine Lehre von Sein und Wesen, die das den Erscheinungen Zugrundeliegende zu erfassen versucht. Die Mittel dazu sieht er in der existenzialen Analytik des Daseins und dessen wesenhafter Verfassung. Das erkennende Verstehen ist aber gleichzeitig an die Seinsart In-der-Welt-Seins gebunden.

„Erkennen ist ein im In-der-Welt-Sein fundierter Modus des Daseins." [65]

Eben dieses In-der-Welt-Sein - als eine individuelle Grundverfassung eines Daseins - versucht die astrologische Psychodiagnostik zu ergründen und hermeneutisch zu erschließen. Weiterhin stellt diese Lehre ebenso die Frage nach dem Sinn vom Sein eines jeweiligen Menschen und behauptet, hieraus eine Antwort geben zu können. Wichtig wird hierbei die Gestimmtheit und die „wesenhafte Betroffenheit" eines Menschen in seinen lebensweltlichen Erfahrungen, die als Hebel für seinen Sinn von Sein verstanden werden sollen, also sein schicksalhaftes Erfahren-Müssen von bewusst nicht Gewolltem.

Ich möchte im folgenden die astrologische Symbollehre als eine Wesenslehre darstellen, welche Antwort geben kann auf die vorontologische Interpretation eines Individuums und dessen wesenhafte Verfassung des In-der-Welt-Seins. Es geht hierbei um die phänomenologische Hebung der einheitlichen Struktur des Seins des Daseins, woraus sich seine Möglichkeiten und Weisen „zu sein" ontologisch bestimmen.

„Die Analyse der Seinscharaktere des Da-Seins ist eine existenziale. Das besagt: Die Charaktere sind nicht Eigenschaften eines Vorhandenen, sondern Wesenhafte existenziale Weisen zu sein. Ihre Seinsart in der Alltäglichkeit muss daher herausgestellt werden." [66)]

Die astrologische Symbollehre verweist uns durch ihre Sinnbilder eben auf die existenzialen Weisen „zu sein". Dabei greift die Symbollehre ebenso auf Aristoteles zurück wie Heidegger selbst. Hier ist die Verbindung zwischen den beiden zu suchen.

In seiner thematischen Analyse des In-Seins gelangt Heidegger zu der Erkenntnis, dass die Befindlichkeit" eine existenziale Grundart ist, die ontologisch das Dasein charakterisiert. Die Befindlichkeit ist für ihn die existenziale Seinsart. Unter Befindlichkeit versteht er die Stimmung, die Gestimmtheit.

> *„Was wir ontologisch mit dem Titel Befindlichkeit anzeigen, ist ontisch das Bekannteste und Alltäglichste: Die Stimmung, das Gestimmtsein."* [67)]

Dieses Phänomen sieht Heidegger als fundamentales Existenzial, welches das Sein in sein Da bringt.

Was er unter diesem Begriff versteht, spiegelt sich in der astrologischen Symbolik in den Elementen wider, wie sie von Aristoteles begründet und von Thomas Ring in seinen „wesenhaften Seinsweisen" beschrieben werden.

Wie ich bereits in Kapitel 4 dargestellt habe, sind die Temperamentsarten gleichzusetzen mit dem Begriff Heideggers der Befindlichkeit. Das „Temperamentum" wird so als Befindlichkeit zum fundamentalen Existenzial eines Individuums, eines „Da-Seins". Weiterhin ist mit Heidegger übereinzustimmen, wenn er sagt:

„Vielmehr muss das in der Befindlichkeit Dass (Temperamentum!) als existenziale Bestimmtheit des Seienden begriffen werden, das in der Weise des In-der-Welt-Seins ist." [68]

Genau diesen Anspruch, die existenziale Bestimmtheit eines Seienden hermeneutisch zu erschließen, kann die astrologische Diagnostik erfüllen. So wird diese Lehre ihrem Anspruch gerecht, eine „Wesenslehre" zu sein. Durch die existenzialphilosophischen Analysen Heideggers sind wir nun in der Lage, den Charakterbegriff neu zu fundieren. Wir begreifen den Charakter nicht mehr als gesondertes „Etwas" eines Menschen, sondern als seine existenziale Bestimmtheit, seine wesenhafte Seinsweise. Wir können nun von einer ontologischen Grundlegung des Charakters sprechen.

Hierbei muss das beschriebene Kontinuierliche, Konstante eines Charakters als die existenziale Bestimmtheit eines Seienden begriffen werden, als wesenhafte existenziale Weise zu sein. Die symbolische Psychodiagnostik wird so zu einer existenzialen Analyse der ontischen Seinsweise des Menschen.

Wie sich diese Seinsweise nun individuell bestimmt, wie sich die Befindlichkeit eines Menschen zusammensetzt, zeigt eine Analyse der Elementenverteilung im persönlichen Psychogramm. Dabei sind die wesenhaften Seinsweisen überwiegend erdhaft-melancholisch, feurig-cholerisch, wässerig-phlegmatisch oder luftig-sanguinisch angelegt.

So ist es nicht verwunderlich, dass sich bei Schulz-Henke als Leiter des Berliner Instituts der AOK nach einigen tausend Krankengeschichten vier Grundbefindlichkeiten heraus formten, die er zu den Ecksteinen seines Beschreibungssystems der Charakterstruktur gemacht hat. Diese vier Typen bezeichnet er als hysterisch, zwanghaft, schizoid und depressiv.

Wie ich bereits gezeigt habe, haben diese vier sich hervordrängenden Erscheinungsformen ihre Grundlage in der ontischen Seinsweise, die der astrologischen Elementen- und Temperamentslehre entspricht.

Daher ist es verstehbar, wenn bei dem Hysteriker das Symptom der Verdrängung überwiegend auftritt, als schnelles Wegschaffen des hervorgerufenen Reizes, wie es dem Element Feuer zugeordnet ist; beim Zwanghaften die erdhafte Verfestigung der Reaktionsbildung, die Isolierung durch das Absicherungs- und Abwehrverhalten in Verbindung mit dem sachlich-nüchternen Intellektualisieren; beim Schizoiden die Projektion des Luftelements und beim Depressiven die Introjektion und Wendung gegen das Selbst, typisch dem Element Wasser.

Es wird in Zukunft wichtig sein, auf diese ontischen Seinsweisen eines Individuums zu achten, um seine affektive Befindlichkeit zu verstehen.

Heidegger verweist uns so zurück auf das zweite Buch der „Rhetorik" von Aristoteles, in dem er die erste systematisch ausgeführte Interpretation der Affekte abgehandelt hat.

"Unbeachtet bleibt, dass die grundsätzliche ontologische Interpretation des Affektiven überhaupt seit Aristoteles kaum einen nennenswerten Schritt vorwärts hat tun können. Im Gegenteil: Die Affekte und Gefühle geraten thematisch unter die psychischen Phänomene, als deren dritte Klasse sie neben Vorstellen und Wollen fungieren. Sie sinken zu Begleitphänomenen herab. Es ist ein Verdienst der phänomenologischen Forschung, wieder eine freiere Sicht auf diese Phänomene geschaffen zu haben." [69)]

Eine erste Analyse des persönlichen Psychogramms dient somit dazu, sich der existenzialen Bestimmtheit eines Seienden verstehend zu nähern, seine affektive Befindlichkeit von innen heraus zu verstehen und als Therapeut frei zu sein von Übertragungen eigener Anteile auf den Patienten. Diese ontische Seinsweise ist zukünftig als das Kontinuierliche, Konstante eines Charakters zu verstehen!

Nach dieser ersten wichtigen Analyse folgt eine zweite, nämlich die des Verhältnisses des Sein zum Da.

„In der Befindlichkeit liegt existenzial eine erschließende Angewiesenheit auf Welt, aus der her Angehendes begegnen kann." [70]

Ein wesentlicher Faktor für die Analyse des Verhältnisses des Seins zum Da ist der Prozess des Verstehens. Hierbei zeigt uns Heidegger, dass die Befindlichkeit als Seinsart das Verstehen mit konstituiert. Verstehen ist immer gestimmtes und wird so zu einer existentiellen Erfahrung des je eigenen Wesens, zur Seinserfahrung. Diese Seinserfahrung als Verstehen kommt nun bei Heidegger gleich mit der „Sicht des Daseins", und er bezeichnet die Sicht, die sich primär und im ganzen auf die Existenz bezieht, als Durchsichtigkeit.

„Wir wählen diesen Terminus zur Bezeichnung der wohlverstandenen „Selbsterkenntnis", um aufzuzeigen, dass es sich bei ihr nicht um das wahrnehmende Aufspüren und Beschauen eines Selbstpunktes handelt, sondern um ein verstehendes Ergreifen der vollen Erschlossenheit des In-der-Welt-Seins durch seine wesenhaften Verfassungsmomente hindurch." [71]

Selbsterkenntnis im Sinne Heideggers wird so zu einem verstehenden Ergreifen der vollen Erschlossenheit des In-der-Welt-Seins. Hierbei ist hervorzuheben, dass Heidegger sich darüber bewusst geworden ist, dass

„existierend Seiendes sich nur sichtet, sofern es sich gleichursprünglich in seinem Sein bei der Welt, im Mit sein mit Anderen als der konstitutiven

*Momente seiner Existenz durchsichtig geworden
ist."* [72]

Das Selbstverstehen erfordert also auch jeweils die Einsicht
in die konstitutiven Momente des Anderen und wird so
zum Fremdverstehen.

*„Die fundamentalen Existenzialien, die das Sein des
Da, die Erschlossenheit des In-der-Welt-Seins
konstituieren, sind Befindlichkeit und Verstehen."* [73]

Dabei ist innerweltlich Seiendes ontologisch nur zu
begreifen, wenn das Phänomen der Innerweltlichkeit
geklärt ist.

Betrachten wir nun die folgenden Ausführungen der
astrologischen Symbol-lehre unter dem Aspekt der
Heideggerschen Analysen, so können wir uns eine Einsicht
in die ontologische Dimension der Innerweltlichkeit eines
Menschen verschaffen.

Ich versuche nun im folgenden, mich mit Hilfe der
bisherigen Ausführungen der „Selbsterkenntnis" im Sinne
Heideggers zu nähern; Selbsterkenntnis verstanden als ein
verstehendes Ergreifen der vollen Erschlossenheit des In-
der-Welt-Seins. Hierzu ist es notwendig, die bisher
beschriebenen Ansätze der vorangehenden Kapitel in einen
Gesamtzusammenhang zu bringen uns so den Weg zur
wesenhaften Selbst- und Fremderkenntnis zu beschreiten.

Die symbolische Diagnostik hilft uns hierbei zur Durchsicht
unserer fundamentalen Existenzialien, unserer
innerseelischen Wahrheiten, die seit Jahrtausenden

dieselben sind, wie Thomas Ring schreibt. Weiterhin ist sie als eine ontologische Psychologie zu verstehen, deren Grundlagen die phänomenologische Philosophie geschaffen hat.

Ich beginne mit den zwölf Arten des In-der-Welt-Seins [74], die ich hier nur wegen des Gesamtzusammenhanges kurz darstellen möchte. Ich verweise hierzu wiederum auf die Beschreibungen von Thomas Ring, Arthur Schult und Fritz Riemann, die dies in hervorragender Weise bereits geleistet haben.

Dem Symbol der Sonne kommt hier eine übergeordnete Bedeutung zu. Ihr Stand bestimmt jeweils die zugehörige Art des In-der-Welt-Seins als ein eingeborenes Leitbild, für dessen Zielverwirklichung die immanenten Wesenskräfte (Planetenprinzipien) mit ihren ontologischen Qualitäten und ihrer individuellen Dynamik eine wesentliche Rolle spielen. In der Jungschen Sprache kann man diese zwölf Arten des In-der-Welt-Seins als archetypische Urbilder mit ihren phylogenetischen Reaktionsbereitschaften bezeichnen.

Wie bereits erwähnt, kommt dem Symbol der Sonne in dieser Lehre eine Sonderstellung zu. Thomas Ring bezeichnet sie als Erste unter Gleichen. Ihr Standort in einem der 12 Bilder bringt jeweils eine Lebensgrundstimmung, den Gesamt-Lebensantrieb zum Ausdruck. Ring sieht in diesem Symbol

„die organisierte Mitte in ihrem Vorrang über die anderen Wesenskräfte, um sie für den zentralen Lebensinhalt dienstbar zu machen."

So wird durch den Sonnenaufenthalt in einem der 12 Urbilder der Eigenwert gesucht, der individuelle Wertanspruch im Dasein, das vor sich nach außen zu Verantwortende.

Damit wird das Symbol der Sonne zum zentralen Schaltglied, zur Übersetzung in die Welt, in der Zeit, Raum und Kausalität gelten. Ebenso gibt sie Auskunft über die Vitalität eines Menschen und bekommt so eine Mittelpunktbedeutung, die sich in der Vitalität nicht erschöpft, sondern dasjenige zu verwirklichen sucht, worin wir Wert und Würdigkeit der eigenen Existenz sehen und zugleich Daseinssinn finden.

Dieses von der Sonne bestimmte Leitbild wird zu einem wesentlichen Element der Individuation. Es vollendet, in die Außenwelt darzuleben und zuleiben, kommt einer gelungenen Individuation gleich.

Analog dem Jahresverlauf bauen sich die Bilder auf und beginnen mit dem Frühlingsäquinoktikum. In den alten Kulturen wurde die Zeit als der Beginn einer neuen Ära bezeichnet. Rituell wurde so der Übergang vom Chaos (Leere) zum Kosmos (Ordnung) aktualisiert.

Der Tierkreis beginnt mit dem Zeichen des Widders, dem Symbol der Zeugungskraft und physischen Stärke. Die feststehende Reaktionsartung, die wir aus den alten vier Elementen begriffen, ist hier das Element des Feuers, bezeichnend für das Impulsive, das Handeln Vorwärtstreibende, Aktive.

Widder:

Dieses Bild zeigt uns, analog dem Frühling, die Kräfte des Sprießens, Sprossens und Wachsens in aktiver Form. Die ganze Natur ist in Aufbruchsstimmung. So zeigt sich hier eine jugendlich schwunghafte Grundstimmung, mit Willenskraft und Optimismus. Entschlossene Kampfkraft, Mut und tollkühne geistige Ideenreiter (2.8. Wilhelm Reich und Wernher von Braun). Das Sich-durchsetzen-wollen, das Stürmen und Drängen, mit dem Kopf durch die Wand. So ist es nicht verwunderlich, dass die von diesem Bild geprägten dazu neigen, anderen ihren Willen und ihre Ideen aufzudrängen. Wir finden hier eine geradlinige Offenheit und Direktheit, der es schwerfällt, von dem eigenen Ich abweichendes zu verstehen. Ein solcher Mensch will und kann an der „Richtigkeit" seines Ichseins nicht zweifeln. Handlung und Ziel, Entschluss zur Tat ohne lange Umschweife. Dabei zeigt sich ein heftiger, aber stoßweiser Einsatz.

So finden wir hier in negativer Ausprägung den Draufgänger, Wirrkopf und Fanatiker. Einen Menschen der Tat, welches sein Element ist. Diesem Zeichen wird auch eine archaische Urkraft zugesprochen. Dabei besteht wenig Neigung, sich in Andere einzufühlen.

Die physiologische Zuordnung zu diesem Zeichen ist der Bereich des Kopfes. Das zugehörige Wesensprinzip wird durch den Planeten Mars symbolisiert.

Stier:

Im zeitlichen Ablauf befinden wir uns nun im Wonnemonat Mai. In dieser Zeit werden die Naturkräfte angesammelt und entsprechend finden wir hier ein beharrliches und ausharrendes Naturell. Diese Bild wird so zum Symbol des am materiell gebundensten Zeichens. Die Reaktionsart ist dem Erdelement zuzuordnen, also stofflich gebunden und sachbezogen. So findet sich hier eine naturverbundene, genussfreudige Lebens-Grundstimmung, eine Liebe für Essen, Trinken etc. Am stillen Einklang mit der Natur findet dieser Mensch sein Behagen.

Dieses Bild symbolisiert das abgesichert Bürgerliche. Hier zeigt sich meist ein passives Sich-Einverleiben-Wollen. Weiterhin ist eine Langsamkeit vorherrschend, und der Mensch braucht Zeit und Muße für seine Selbstfindung. Entsprechend dem Element Erde herrscht eine schwerblütige Trägheit, ein ängstliches Haften an Gewohntem und einen Hang zum Festhalten am einmal Erworbenen. Finden wir bei dem Feuerclement des Widders Geschwindigkeit und Wille, so ist die Kraft des Stieres Gewicht und Zorn, beständiges Sich-durchsetzen (Freud, Marx, Hitler etc.). Die daraus resultierende Tendenz zur Selbstbewahrung kann sich steigern zu trotziger Abwehr aller Fremdeinflüsse. Dieser Mensch möchte sich nicht ändern, vertritt daher eine konservativ-konservierende Grundeinstellung.

Ist das Bild des Widders auf Angriff eingestellt, so ist der Stier der Verteidiger. Er betreibt ein langsames, aber gründliches Verarbeiten von Erlebtem. Es wird erstrangig gesammelt. So findet sich hier der Empiriker, sach- und realitätsbezogen, der Exakt-Gründliche, der bedächtig

Planende. Diese Schwerfälligkeit braucht Anstöße von außen, um den gewohnten Weg zu verlassen.

Die physiologische Zuordnung ist hier der Hals, Nacken, Kehlkopf, Stimme.
Das entsprechende Wesensprinzip wird durch den Planeten Venus dargestellt.

Zwillinge:

Wir befinden uns nun in der Zeit, wo es nach der Baumblüte zur vielgestaltigen Verästelung und Verzweigung, zur vollen Entfaltung der Blätter kommt. Der Atmungsorganismus bei Pflanzen und Bäumen kommt zur vollen Entfaltung. Drohte sich im Zeichen des Stieres alles Dynamische festzufahren in unveränderlicher Ruhe und haftendem Halten, finden wir im Zwillingsbild wieder einen Gegenimpuls. Hier geht es um ein ungemein waches, lebendiges und vielseitig interessiertes Wissen-wollen, um Neugier. Die Mentalität neigt zum aufspaltenden, zergliedernden, analysierenden und systematischen Denken (R. Descartes). So finden wir hier eine Lust am Reden, Denken und einem Gedankenaustausch, einen „Kommunikationshunger".

Denkt der Stierbetonte anschaulich und konkret, etwas schwerfällig, aber gründlich, so ist der Zwillingstypus von einer abstrakt-theoretischen Leichtigkeit, wendig in verschiedenen Stellungnahmen und Aufgaben, daher auch spielerisch-unverbindlich relativierend. Diesen Typus reizt es eher, die Vielseitigkeit möglicher Aspekte und Gesichtspunkte zu sehen, ohne sich festzulegen. Wir treffen hier auf eine Rede- und Sprachbegabung mit Hang zu Charme, Ironie, Witz und geistreichen Wortspielen. Diesem Zeichen unterstehen das Nervenkostüm und die Atmungsorgane. So finden wir hier oft leicht reizbare, ruhelose und fahrige Typen, die zu nervösen Störungen neigen (Im „Abendmahl" von Leonardo da Vinci großartig dargestellt). Temperamentsmäßig eher lebhaft, sanguinisch. Der Eifer lebt vom Reiz des Neuen und einem ausgeprägten, vom Nützlichkeitsgeist gelenkten Einsatz. Mit der Windrichtung wechselnder Lebensmut, der sich intensiv auf das Vielversprechende wirft.

Eine Gefahr besteht darin, dass die denkerische Vielseitigkeit alles zu relativieren, alles zu bezweifeln, keine innere Stabilität mit sich bringt. Und so kann es zum Verzweifeln kommen.

Zugeordnet wird diesem Zeichen der Planet Merkur.

Krebs:

Mit dem Eintritt der Sonne in den Krebs beginnt der Sommer. Die Sonne hat ihren höchsten Stand ihrer Bahn erreicht, ebenso die Pflanzenwelt ihre höchste Entfaltung nach außen hin. Die Wachstumskräfte wenden sich nach innen. Es kommt zum Fruchtansatz, zur Verinnerlichung. Krebs ist das Zeichen der Rückbesinnung, bei der das Gewicht auf dem persönlichen Gefühlserleben, auf der Erinnerung beruht. Vor allem die Bindung an das Mütterliche als der ersten Wärme und Geborgenheit, als die erste mitmenschliche Beziehung. Bei diesem Typus ist beobachtbar, dass Vergangenes oft realer als die präsente Wirklichkeit erlebt wird. Es ist fast so, als ob dieser Menschentypus in einem ständigen Gefühlsnebel schreitet.

Wir finden hier eine starke psychische Empfänglichkeit und so braucht der Mensch eine größere Geborgenheit als andere, worin er sich zurückziehen kann. Es herrscht ein einer geborgenen Welt bedürftiger Lebensmut. Durch die sensible Anlage haben wir es mit einer leicht kränkbaren und verletzlichen Natur zu tun, wenn sie mit der Härte des Lebens zusammenstößt.

So kann der ausgeprägte Ehrgeiz, der diesem Zeichen zu eigen ist, zum Problem werden, weil es oft an Härte und Ellenbogen fehlt. Aggressionen werden indirekt geäußert, in Beleidigtsein, in nachtragenden, gekränkten Verstimmungen, die in anderen Schuldgefühle wecken sollen, um sie zu bestrafen. Es besteht eine Neigung, sich bei Kränkungen und Enttäuschungen in einen Schmollwinkel zurückzuziehen, in Wunschträumen und einer Phantasiewelt zu leben. Ein solcher Mensch wird leicht zu einem am Leben leidenden, zu einem auf Moll gestimmten (Franz Schubert). Durch die große Empfindlichkeit und Schüchternheit kann er schwer Beziehungen knüpfen und investiert daher viel in eine bestehende Beziehung, kann sich somit schwer trennen.

Physiologisch wird hier der Magen zugeordnet, ebenso die Drüsen und der Flüssigkeitshaushalt.
Das Planetenprinzip ist symbolisiert durch den Mond.

Löwe:

Die Sonne durchglüht mit ihrer Feuerkraft in diesem Zeitabschnitt alles Irdische und bringt die Früchte zum Reifen. Naturkraft, Macht- und Ehrgefühl kennzeichnen das Bild des Löwen. Ist der Krebs von einer romantischschweifenden Sehnsucht, träumendem Nacherleben, dem Vergangenen zugehörig, so ist der Löwe-Mensch ganz auf das Diesseits gerichtet. Er pflegt ein warmes und leidenschaftliches Genießen des Daseins. Die Lebens-Bejahung wird erlebt aus einem Mittelpunkts-Gefühl, aus dem Einklang mit sich selbst. Hier finden wir wohl die größte Vitalität aller Zeichen. Dieses Bild zeigt uns eine kraftvoll zupackende Art, auf die Welt zuzugehen, mit der selbstverständlichen Erwartung der Anerkennung. Das eher sich über- als unterschätzende Selbst-überzeugtsein gründet sich in der erworbenen Geltung der Eigenperson.

Im Gegensatz zum Widder, der seine Lebenskraft in seinen Zukunftsentwurf verlegt, ruht sie hier im Real-Ich. Die Schattenseiten liegen bei diesem Zeichen auf der Linie des Prahlers, der Selbstbespiegelung und Selbstüberschätzung. Ebenso wird ihm sein Stolz zur Klippe, da er Fehler schwer zugeben kann und Selbstkritik und Einsicht wenig ausgeprägt sind. Vitalitätssteigerung durch Anerkennung der Person: Findet das in der Lebensumwelt nicht statt, so zeigt sich das Bild eines In-sich-gekehrten, lebensunmutigen Eigenbrötlers. Herzensangelegenheiten spielen eine große Rolle. Vor allem beim weiblichen Geschlecht herrscht ein Hang zur Kindschaft.

Zugeordnet wird diesem Zeichen das Planetenprinzip der Sonne. Physiologisch stehen hier Herz und Blutkreislauf im Vordergrund. Das Temperament ist feurig-cholerisch.

Jungfrau:

„Der Sonnenrhythmus geht zu Ende. Die Erntezeit ist nah. Was fruchtbar ist, allein ist wahr." [75)]

Hier ist es notwendig, auf den bisherigen zeitlichen Ablauf zurückzublicken:

- Widder: Die Zeit des beginnenden Wachsens
- Stier: Die Blütezeit, der Wonnemonat
- Zwillinge: Die Polarisierung des Lebensstromes, Verzweigung
- Krebs: Die Zeit des Fruchtansatzes
- Löwe: Das Reifen der Früchte
- Jungfrau: Das Ernten der Früchte

Wir befinden uns nun im sechsten Zeichen, und damit ist symbolisch ein Halbjahreszyklus abgeschlossen. Auf dessen tiefere Bedeutung kann an dieser Stelle nicht eingegangen werden.

Hat das Zeichen Löwe einen Hang zur Maßlosigkeit und zum naiven Persönlichkeitskult, so finden wir beim Jungfrautypus eine Bescheidenheit, die als kluge, nüchterne Selbstbescheidung erkennbar wird. Nicht die Verschwendung der Kräfte, sondern deren Haushaltung und Nutzbarmachung ist angesagt. Somit gehören zu diesem Bild Nutzen-Kosten-Kalkulationen, sachlich-nüchterne Erwägungen. Daher finden wir hier die Verwendung gründlicher und gewissenhafter Methoden, die Fähigkeit zu ordnen und zu katalogisieren. Eine Sachbezogenheit mit typischen sichernden Tendenzen, mit einer absichernden Vorbedenklichkeit, was keinen richtigen Lebensschwung aufkommen lässt.

Der Schwung des Löwe-Bildes weicht hier einem „Sich-im-Griff-Haben", mit einer Distanz zum Leben. Fachmänner und Spezialisten mit fundiertem Sachwissen. Fleiß, Gründlichkeit, Exaktheit und Solidität sind hier die Tugenden. Gelingt es, den Perfektionismus in kleinen Dingen abzulegen, Wesentliches vom Unwesentlichen zu trennen, kann großes erreicht werden, vor allem in Musik und Literatur. So können dann das melancholische Grundgefühl und der lebensängstliche Pessimismus überwunden werden. Fehlt dem Löwe-Typus eine kluge Selbstkritik und Selbstbeobachtung, so finden wir in diesem Bild zu viel des Guten. Eine überwertige Selbstbeobachtung behindert die freie Bekundung vitaler Wünsche.

Physiologisch zugehörig sind diesem Zeichen das Verdauungs- und Stoffwechselsystem, der Darm. Entsprechendes Planetenprinzip ist der erdgebundene Merkur.

Waage:

Mittlerweile ist es im zeitlichen Ablauf Herbst geworden. Wir haben die Zeit der herbstlichen Tag- und Nachtgleiche und befinden uns im Zeichen der Waage. Dieses Symbol ist ein „neues" Zeichen. Es wurde etwa im 7. Jahrhundert v.Chr. in den Tierkreis aufgenommen. Mit diesem Zeichen beginnt der Winterzyklus. Sommerwärme und Winterkühle durchdringen einander in wunderbarer Weise. Die Natur begegnet uns in einer Fülle feinster Farbtöne, die in ihrer Harmonie den Herbst verkünden. Daher verweist uns dieses Bild auf kultiviertes Benehmen und künstlerische Schönheit.

So steht für dieses Zeichen Ausgleich und Gerechtigkeit, Harmonisierung im Bereich zwischen Ich und Du. Die Ich-Du-Thematik tritt hier in den Vordergrund, als Spiegelbild der eigenen Persönlichkeit. Partnerschaft wird als Ergänzung des eigenen Ich gewünscht. Anzutreffen ist ein Sinn für Gemeinschaft, gute Manieren und taktvolles Verhalten. Erstaunlich ist, wie selbst Waage-Betonte von einfachstem Herkommen sich schnell kultiviertes Benehmen und gute Umgangsformen aneignen. Geistiges Begehren und Kontakt mit anderen, intellektueller Austausch über Kultur, Kunst, Tagesgeschehen lässt diesen Typus aufleben.

Durch ein übermäßiges Harmoniestreben kann sich hier ein Ausweichen vor dem Konflikt ergeben. Disharmonien wird dann auf bequemste Weise aus dem Weg gegangen. Man lässt halt "fünfe gerade sein", lässt Schwierigkeiten auf sich beruhen in der Hoffnung, dass sie sich von selbst lösen. Sein Bedürfnis nach Sympathie und Bestätigung soll vor allem seiner Person und ihren äußeren Vorzügen gelten, die er entsprechend unterstreicht bis zur Eitelkeit.

Menschen dieses Bildes brauchen so mehr wohlwollende Zuneigung als andere. Disharmonie, Streit und Ablehnung sind hier besonders schmerzlich.

Das ausgeprägte Gefühl für Sympathie und Antipathie bringt die Probleme der Überanpassung und Unentschiedenheit mit sich. Ein solch betonter Mensch kann schwer nein sagen. Es wird oft eine Vermeidungsstrategie entwickelt, wobei Entscheidungen recht schwer fallen. Hier herrscht die Liebesgöttin Venus, doch nicht die stofflich gebundene, sinnlich genießerische

Venus-Pandemia, sondern die geistig betonte Venus-Urania (Beispiel John Lennon).

Zugeordnet werden diesem Zeichen Nieren und Blase, ebenfalls die Haut.

Skorpion:

Die Zeiten der Nebel steigen, alles hüllt sich nun in ein trostloses Grau. Im November wird das letzte Laub durch die Herbststürme von den Bäumen gerissen, die dann wie Totengerippe am Weg stehen. Wir haben den Monat der Toten (Allerheiligen, Totensonntag etc.). Eine seltsame Stimmung herrscht in dieser Zeit, welche tieferes erahnen lässt. Wie die Schlange, die ihre Haut abwirft, wie der Vogel Phoenix, der aus der eigenen Asche neu entsteht, so symbolisiert uns das Skorpionbild die Hingezogenheit zu den Mysterien, der Metamorphose des Sterbens und Werdens. Hier herrscht Pluto, der Gott der Unterwelt. Das Hintergründige im Leben tritt so bei diesem Bild in den Vordergrund. Es findet sich ein Erkenntnisdrang, der hinter die Dinge des Seins blicken will (Goethe, R. Steiner, F. Nietzsche). Alles unerforschte und dunkle reizt hier. Weiterhin besteht eine seltsame Bindung an Geld. Die Bedeutung des Geldes dabei nicht der Genuss- und Lebenserweiterung, sondern gewinnt seinen Wert als Mittel zur Macht (Bill Gates).

Da alles Hintergründige lockt, kann es zu einer bohrenden, den Partner bis zum letzten ergründen-wollenden Zerstörung der Beziehung kommen, denn Wissen und Information dient der Sicherung der Macht. So finden wir hier oft auch Sich-Bemächtigen des Partners auf erotischsexuellem Wege. Auf niederem Niveau entspringen aus dieser Eigenschaft paranoide Eifersüchteleien, ein sich steigerndes Misstrauen, welches bis zum Zerstörungsdrang an sich selbst oder am anderen gehen kann. Rache ist hier kein Fremdwort.

Die starke Triebanlage kann exzessive Leistungen hervorrufen und ein Durchstehen von Wandlungen, aus dem regenerationsfähiger Lebensmut erwächst. Ein solch betonter Mensch will alle Leidenschaften kennenlernen, eindringen in unbekanntes. Das ausgeprägte Misstrauen bringt Behinderungen, sich bedingungslos liebend einzulassen.

Bei hohem Niveau finden sich hier oft Menschen von überdurchschnittlicher Erkenntnisfähigkeit (Paracelsus, Thomas Ring).

> *„Gott verbietet nur jenen die Früchte am Baum der Erkenntnis, die daran zugrunde gehen. Wer aber zum Grund der Erscheinungen dringt, lebt davon."*
> [76)]

Die physiologische Zuordnung entspricht hier dem Urogenitalbereich, endogene Drüsen und die Geschlechtsorgane.

Schütze:

Es ist Adventszeit. Die langen Abende fordern uns zur Besinnung, zu Verinnerlichung auf. Es vollzieht sich die Überwindung des Todes. Es liegt eine Sehnsucht nach Licht in dieser Zeit, nach Vergeistigung und Offenbarung. Dieses

Bild symbolisiert ein Über-sich-selbst-hinaus-streben, in der Ausrichtung auf eine Berufung zu Höherem.

Finden wir unter dem Skorpion die Neigung zu Hintergründigem, zu den Tiefen der Seele, so folgt hier nun ein Blick in die Höhe, auf das Sein-Sollende, das sinngebende Leitbildhafte. Vielfach findet sich hier die Vision des Übermenschen und damit auch die Gefahr, den irdischen Teil zu vernachlässigen im begeisternden Aufschwung geahnter Möglichkeiten. Wichtig wird unter diesem Zeichen, zwischen Schein und Sein, Echtheit und Unechtheit, Bildung und Einbildung zu unterscheiden. Häufig finden sich hier Missionare und Verkünder hoher Ideen. Sinn- und Selbstverwirklichung nehmen oft einen bedeutenden Rang ein (Sendungsbewusstsein).

Mancher ist bedacht auf Prestige, Titel, Orden. Das Bedürfnis nach hohen geistigen Leitbildern kann leicht zu einem Hochmut und einer Selbsttäuschung führen, die dem des Blenders, Heuchlers, Hochstaplers ähneln. So finden wir hier Menschentypen, die nur zu scheinen versuchen, was sie sein wollen - und dies teilweise mit pathetischer Geste. Ein Konflikt zwischen Wunsch-Ich und Real-Ich ist daher nicht selten anzutreffen. Das kann sich, vor allem in religiös-weltanschaulichen und ethischen Fragen bis zum Gefühl der Auserwähltheit steigern, das soweit gehen kann, Anderen seine Anschauungen aufzuoktroyieren. Die Schattenseiten bestehen also in einer Unaufrichtigkeit sich selbst gegenüber.

Auf der anderen Seite stehen hier die „Aufrechten", die sich wahrhaft dem göttlichen Licht zuwenden, in enger Verbindung mit lebensweltlicher Weisheit. Die

Selbsterkenntnis und -überwindung ist bei ihnen gelungen, und aus einem religiösen Impuls heraus wird der Eigenwille eingeordnet in eine höhere göttliche Welt. So kann aus der leidenschaftlichen Suche nach dem Sinn und überzeitlichen Werten ein zur visionären Schau gelangender Menschentypus hervorgehen (Nostradamus, Beethoven).

Zugeordnet wird diesem Zeichen das Planetenprinzip des Jupiter. Die physiologische Zuordnung sind Leber- und Gallenfunktion sowie die Hüftregion als Symbol des Aufrichtens, der Aufrichtigkeit.

Steinbock:

Nun beginnt der eigentliche Winter. Es ist die Zeit, in der die äußere Natur in völliger Lebensstarre darniederliegt. Die kälteste Zeit des Jahres beginnt. Stille und Todesstarre herrschen jetzt überall. Die ganze Erde scheint sich kristallisiert zu haben. Verinnerlichung, Abschirmung, verhaltene Lebenskraft, Entsagung, Konzentration, das charakterisiert die Steinbockzeit in Natur und Mensch. Indem das vitale äußere Leben abgedämpft wird, erwacht im Menschen das innere, geistige Leben. Finden wir beim Schütze-Bild das idealistische Pathos der Gläubigkeit, den moralischen Hochmut, der bis zum Selbstkult führen kann, so findet sich im Bild des Steinbocks wieder ein Gegenimpuls. Hier geht es um ein nüchternes, sachliches Auf-sich-Nehmen seines Lebens als Pflicht und Aufgabe, hinter der die Eigenperson weitgehend zurücktritt, also ein völliger Gegensatz zum Bild des Schützen.

Das zu Leistende und das tatsächlich Geschaffene sollen seine Person aufwerten. So braucht dieser Mensch

Aufgaben, die er bewältigen kann - je schwerer umso eine tiefere Befriedigung findet er in deren Bewältigung. Ist dem Schütze Glanz und Ruhm so wichtig ist der Steinbock eher die graue Eminenz, die im Hintergrund bleibt, aber die entscheidenden Fäden in der Hand hält. Der Mensch braucht hier etwas, das ihn ganz fordert, und so wirkt sich seine Anlage gestaltend, formend auf Sachen und Gegenstand aus. Wichtig ist das sozial Verwertbare, angelehnt an Üblichem und Tradition.

Unter diesem Bild haben wir es mit einer realistischen, sachgerechten, auf stetigen Lebensgang gestimmten Kernhaltung zu tun. Selbst-Überzeugt-sein und Anerkennung sind meist abhängig von Bestätigung durch formelle Äußerlichkeiten. So findet sich hier ein Typus, der sich durch Schwierigkeiten hindurch beißt und daraus Lebensmut schöpft, der aber im Genießen des Daseins eher karg veranlagt ist. Er entspricht dem typischen Bild des Patriarchen, dem verantwortungsbewussten Träger großer Aufgaben. So wird alles lebensbejahende, lebensfreudige, alles heitere und anmutige abgewehrt oder abgewertet, ja verachtet, weil es nicht schwer und bedrückend ist.

Es herrscht ein Schwernehmen der Dinge, das auf den eigenen Schultern lastet und auch bedrückend auf andere wirken kann. Pflicht wird zum freudlos-verkrampften sollen, Arbeit zum verbissen erledigten Pensum, Denken zu zergrübelter Gründlichkeit nach rein pragmatisch-ökonomischen Gesichtspunkten, Selbstbeherrschung zum asketischen Prinzip.

Zugeordnet wird diesem Urbild das Planetenprinzip Saturn.

Die physiologischen Zuordnungen sind Haut, Haare, Nägel, das Knochensystem und die Gelenke.

Wassermann:

Im jahreszeitlichen Verlauf befinden wir uns jetzt im Winter in seiner vollsten Kraft. Es ist Tiefwinter, der extreme Gegensatz zum Hochsommer (Löwe). Das vitale Leben in der Natur scheint unter Eis und Schnee begraben zu sein. Die Natur offenbart sich uns in leuchtender Klarheit und Kühle, sinnenfern, von ihrer geistigen Seite her. Das geistige Klima des Wassermanntypus ist der winterlichen Landschaft mit ihrer kühlen, kräftigen Luft und ihren frostklaren Sternennächten innerlich verwandt. Die Abstraktion kann hier einen letzten Grad von Kühle und Klarheit erreichen

Wiederum finden wir einen Gegenimpuls zum vorangegangenen Zeichen, dem des Steinbocks. Unterliegt der Steinbocktypus der Gefahr der seelischen Verhärtung durch selbstauferlegte Pflichten, Lasten und Erdenschwere und somit einer gewissen Unfreiheit, so unterliegt der vom Zeichen Wassermann geprägte Mensch der Tendenz, sich abzulösen von einschränkenden Bedingungen, die von Tradition, Familie und Gesellschaft auferlegt werden. Er will weg von dem „Man darf - man darf nicht". Es zeigt sich hier ein freizügiger Lebensstil, geistig aufgeschlossen, eine auf Unabhängigkeit gestimmte Kernhaltung. Das Ziel ist die Selbstverwirklichung - ein einmaliges Individuum zu werden und zu sein, ein „Einzelwesen" zu werden, wie C. G. Jung dies formuliert hat. [77]

Ebenso finden sich hier anthrophile Einstellungen, Utopien und Ideen von sozialer Gleichheit (Marx). Das Leitbild ist dasjenige des Humanisten, Reformators, Freidenkers und des originell-eigenständigen Individualisten. Aus einer Vorliebe für Abwechslung, verbunden mit dem Erfahren neuer Eindrücke, entwickelt sich ein Sinn für zukünftiges und eine eigenständige Originalität.

Das Schattenbild liegt häufig im verkrampften Überbetonen der individuellen Eigenart, das „Nur-nicht-so-sein-Wollen" kann zur arrogant-snobistischen Haltung werden. So findet sich hier der eigenbrötlerische Sonderling, der hybrid-utopische Menschheitsverbesserer, der Sektierer, der sich in seine solipsistische Welt einschließt und überhaupt keinen Nahkontakt mehr hat. Der schicksalhafte Keim für eine pathologische Entwicklung liegt im Kontaktbereich und im überbetonten Einmaligkeitsbewusstsein. Die mitmenschliche Isolierung kann zu Selbstentfremdungserlebnissen führen, zu größenwahnsinnigen und paranoiden Entwicklungen.

Zugeordnet wird diesem Zeichen der Planet Uranus. Die physiologische Entsprechung ist hier - wie bei Löwe - das Herz und das Kreislaufsystem.

Fische:

Mit dem Zeichen der Fische beenden wir den Tierkreis, ebenso wird der Jahreszeitzyklus beendet. Wir befinden uns nun in der Übergangszeit vom Winter zum Frühling. Die Kräfte des Wassers werden spürbar erfahren, die Schneeschmelze setzt ein. Alles im Winter Erstarrte und Verhärtete wird zu neuem Leben erweckt. Der vom Wasser durchdrungene Erdboden wird jetzt aktiviert, beginnt wieder zu atmen. Das Keimen und Sprossen kann neu beginnen. Im Körper beginnt die Auswechslung der alten Stoffe und Kräfte gegen neue. So ist es eine Zeit des Sich-Auflösens.

Ebenso verhält es sich mit dem Sinnbild. Will sich im Zeichen des Wassermanns das Individuum herauskristallisieren, so symbolisiert dieses Zeichen die Auflösung der einengenden Fesseln des Ichs: Das Ich will sich mit dem Neuen, dem Transzendentalen verbinden. Für den Fischetypus heißt Ich-Sein in der Welt leiden müssen, unverstanden bleiben, ohne Geborgenheit sein müssen, „All-Ein-Sein". Dadurch, dass der Mensch hier von der Anlage her sensibler, durchlässiger, seelisch empfänglicher, hautloser ist als andere, ist es schwer für ihn, tatkräftig und durchsetzungsfähig durchs Leben zu gehen.

Er ist ein der Welt abgewandter Typus, der „homo religiosus", der Mystiker, der in eine seelisch-geistige Weite und Tiefe einzudringen vermag, die Anderen verschlossen bleibt. Das Leitbild ist hier eine selbstvergessene Liebe, ein einfühlendes und mitleidendes Verstehen von Welt und Menschheit. Ein aus selbstloser Opferfähigkeit und echter Nächstenliebe erbrachter Dienst am Menschen findet oft in sozialen, therapeutischen und anderen helfenden Tätigkeiten seinen Ausdruck. Aufgrund der weisen Hingabe an das Transzendentale können hilfreiche und heilende Kräfte entspringen (Rudolf Steiner, Franz von Assisi etc.).

Die Schattenseiten liegen darin, dass - bedingt durch die grenzenlose Durchlässigkeit, durch die vielgestaltige

Anpassungsfähigkeit - es zu gar keiner Individuation kommt. So zeigt sich hier meist eine Ichlosigkeit, Standpunktlosigkeit, eine nachgiebige Schwäche. Ein weiterer Faktor ist die ausgeprägte Leidensfähigkeit, die bis zum seelischen Masochismus gehen kann. Weiterhin finden wir in diesem Zeichen oft den Schauspieler, der sich jeder Situation gleichsam chamäleonhaft anpassen kann.

Dieser Typus bleibt daher häufig auf einer infantilen Entwicklungsstufe hängen, weicht in unschuldiger Harmlosigkeit jeder Verantwortung aus. Auch eine sekundäre Form von Kälte und Härte kann in vielen Fällen festgestellt werden, die sich aus der zu eigenen Wehrlosigkeit und Übersensibilität sowie der Überfremdung anderer ergibt. Die mimosenhafte Empfindlichkeit wird dann nur noch gegenüber Objekten offenbart, die nicht weh tun können, wie Pflanzen, Tiere und kleine Kinder.

Zugeordnet wird diesem Zeichen das Planetenprinzip Neptun. Die physiologische Zuordnung betrifft die Hände und Füße.

Die oben dargestellten ontischen Formen bezeichnet Thomas Ring als „Stilformen". Diese müssen unterschieden werden von den Wesenskräften, die durch die Planeten symbolisiert werden, und den Elementen. Anhand von Biographien historischer Persönlichkeiten und lebensweltlichen Erfahrungen, wie sie z.B. Fritz Riemann gesammelt und beschrieben hat, können diese Stilformen empirisch nachvollzogen werden. Dabei ist jedoch immer darauf zu achten, welchen Vollendungsgrad die jeweilige Persönlichkeit erreicht hat.

Der Aufenthalt der Sonne am Geburtstag bestimmt also die entsprechende Stilform, das eingeborene Leitbild. Um uns jedoch eine tiefere Einsicht in die ontologische Dimension der Innerweltlichkeit des Menschen zu verschaffen und die existentiellen Weisen seines spezifischen Seins besser zu verstehen, genügt uns der Stand der Sonne und das entsprechende Leitbild nicht. Hier bedarf es einer weiteren, tieferen Analyse.

Wir wenden uns daher dem astrologischen Begriff des Aszendenten zu. Er beinhaltet eine wesentliche Bedeutung. Zeigt uns das Sonnensymbol eine leitbildhaft angestrebte Umgehensweise mit dem Weltlichen auf, die „personal", welche nach C. G. Jung die in der Außenwelt erforderliche Anpassungsfunktion erfüllt, so wird der Aszendent und die entsprechende Stilform als der Kern des Ichs bezeichnet - als der Ort der unmittelbaren Erfahrung des innewohnenden Ichs.

Erikson beschreibt dies als das

"subjektive Gefühl einer bekräftigenden Gleichheit und Kontinuität, als das Identitätsgefühl" [78]

William James beschreibt es in einem Brief an seine Frau wie folgt:

> *„Der Charakter eines Mannes ist an der geistigen oder moralischen Haltung erkennbar in der er sich, wenn sie ihn erfasste, am tiefsten und intensivsten aktiv und lebendig fühlte. In solchen Augenblicken*

gibt es in unserem Innern eine Stimme, die spricht und sagt: Dies ist mein wahres Ich." [79]

Dieser Kern des Individuums, den die astrologische Symbollehre als Aszendent bezeichnet, wird an der äußeren Erscheinung einer Person erkennbar, an Gestaltbau, Gang, Stimme und Gebärde. Der Aszendent ist der Sitz des empirischen Ichs. Hier zeigt sich die unmittelbare Reaktion und die Art der Verarbeitung äußerer Eindrücke sowie die psychomotorische Grundeinstellung zur Welt, die Art und Weise, sich in seiner Besonderheit durchzusetzen. Hier ist der Ort der Ichwerdung.

Die oben genannten Stilformen verlagern sich nun durch den Aszendenten in das Innere des Menschen. Zum besseren Verständnis möchte ich kurz auf empirische Erfahrungen verweisen. Dazu dient mir der Vergleich zwischen der Kernhaltung eines Ichs in dem Erdzeichen Jungfrau und der Kernhaltung eines Aszendenten im Feuerzeichen Schütze.

> *„Hier (im Zeichen Jungfrau, d. Verf.) bringt der Aszendent Sachbezogenheit, die Konstitution ist asthenisch, das Temperament melancholisch. Der Mensch will sich hier durch nichts Unvorhergesehenes überraschen lassen, möglichst alles soll kalkulierbar sein und so ablaufen, wie er es für richtig hält. So entwickeln sich hier typische sichernde Tendenzen, die, überwertig geworden, ihn zum nörglerischen Pedanten ohne Schwung werden lassen, der vor lauter sich absichernder*

Vorbedenklichkeit in den Vorbereitungen
steckenbleibt, der nichts wagt...." [80)]

Diese Kernhaltung des Ichs symbolisiert deutlich das
erdhafte Temperament.

> *„Auf der Ebene des Aszendenten Schütze treffen wir*
> *auf ein nervös-cholerisches Temperament, voller*
> *Enthusiasmus und Begeisterungs-Fähigkeit. Daraus*
> *ergibt sich die Einigung zu allem, was sein Selbst-*
> *Gefühl zu steigern vermag ... Auf jeden Fall braucht*
> *er den Elan, den Schwung, etwas, was ihn mitreißt.*
> *Er will auch Andere mitreißen und, sich an der*
> *eigenen Begeisterung begeisternd, sie von dem*
> *überzeugen, wovon er selbst überzeugt ist. So kann*
> *er sich zum Pathos und zum Pastoralen steigern" [81)]*

Die hier beschriebenen und aus der lebendigen
Anschauung gewonnen Erfahrungen zeigen uns wiederum
zwölf Stilformen, die sich ins Innere des Menschen
verlagert haben, als eine konstante Kernform des
empirischen Ichs. Die innere Stilform wird ab dem 30.
Lebensjahr mit zunehmender Individualisierung stärker
und bewusster erfahren und gelebt.

> *„Hier ist der Ort der selbstbewirkten*
> *Persönlichkeitsprägung, Stilisierung und des*
> *Benehmens auf eine Form, in der man zu gelten*
> *wünscht." [82)]*

Greifen wir nun zurück auf den Charakterbegriff, so haben
wir es mit dem Symbol der Sonne und dem Aszendenten
mit den konstanten, stabilen Stilformen zu tun, die

lediglich im entwickelten Niveau und dem Vollendungsgrad divergieren. Wenden wir uns der psychodynamischen Komponente des Charakterbegriffs zu, so sind es die durch die Planeten symbolisierten Werde- und Wirkkräfte, die hier Beachtung finden müssen.

Stellen wir uns die Frage: „Was will sich sinnvoll durch die oben genannten Stilformen heraus formen, vollenden, zum Vorschein bringen?", so können wir antworten: „Es ist das Wesen, das Innewohnende, welches sich in Zeit und Raum in der jeweiligen Epoche zur Existenz bringen will."

Wie ich bereits in Kapitel 4 gezeigt habe, treten die Werde- und Wirkkräfte in einem analytischen oder synthetischen Verhältnis zueinander in Beziehung und bilden so ein individuelles Wesensgefüge mit einer angelegten strukturellen Bezogenheit auf die soziale Umwelt. Diese Wesenskräfte verweisen uns auf unsere transzendentale seelische Anlage.

Ist das Bleibende, Konstante, Stabile in Temperament (Elemente), Aszendent und Sonne vorgegeben, so betreten wir nun den Bereich der schöpferisch-seelisch-geistigen Wirk- und Werde-Kräfte. Hier ist der Mensch dem stärksten Wandel unterworfen, denn auf diesem Gebiet erfolgt die Entwicklung des Eingehens auf die Umstände der Lebensverwirklichung. So zeigt sich in diesem Wesensgefüge das eigentliche Thema der einzelnen Person, die „ihm gestellte Aufgabe".

> *„Vielmehr enthält jedes Wesensgefüge einen eigenen, den betreffenden Menschen*

innewohnenden Sinn, das, wofür er da ist, worin er sich selbst erfüllen kann." [83)]

Infolge der weitgehenden Auseinandersetzung mit der Umwelt - die im Wesensgefüge strukturell vorgezeichnet ist - ist jener Bereich das Werdende, das sich ständig Entwickelnde, das sich Fortbildende und symbolisiert somit die Psychodynamik im Menschen. Teilhabend an dieser Entwicklung und Prägung sind Erbe, Kultur, Gemeinschaft und Gesellschaft. Hinzu kommt der selbstbestimmende Faktor, der sich durch die Entwicklung und den Gebrauch von Einsicht, Vernunft und Bewusstsein zum Ausdruck bringt. Diese Faktoren sind für eine Selbstverwirklichung von großer Bedeutung. In dem Wesensgefüge zeigt sich ein sinnvoller Anlageplan. Dieser Anlageplan „nötigt" uns nun, zu dem zu werden, was wir werden sollen, was zur Existenz gelangen will.

So kommen wir zur Ausgangsfrage zurück: In welchem Verhältnis stehen Charakter und Schicksal zueinander?

Das oben genannte „nötigt" soll so verstanden werden, dass dem einzelnen Menschen immer wieder ein bewusst nicht gewolltes Erfahren-Müssen von Ereignissen und Erlebnissen, Lebensumständen scheinbar aufgezwungen wird. Dies zeigt sich häufig an wesentlichen Lebensfragen, die einen Menschen immer wieder von neuem bewegen und ihn auch in die entsprechenden schicksalhaften Ereignisse verwickeln, sich im Leben wiederholen. Durch die tiefenpsychologische Analyse des im Psychogramm vorgezeichneten Anlageplans bekommen nun die scheinbaren Zufälligkeiten einen klaren und deutlichen Zusammenhang. Die Erkenntnisse der astrologischen

Symbollehre zwingen uns, die Frage, wie sich Charakter und Schicksal verbinden, neu zu stellen.

Im Jahre 1937 verfasste Sigmund Freud in seinem 8l.Lebensjahr sein wissenschaftliches Testament: „Die endliche und die unendliche Analyse". [85]
Im gleichen Jahr begründete der ungarische Psychiater Leopold Szondi die Forschungsrichtung der Schicksalsanalyse, die als entscheidende Erweiterung des psychoanalytischen Ansatzes verstanden werden muss. Szondi weist in seinen Forschungen nach, dass menschliche Wahlhandlungen immer durch eine Reihe von Faktoren bestimmt werden, die im allgemeinen unbewusst bleiben (Ergotropismus).

Zu diesen Faktoren gehören Erbe, Trieb- und Affektnatur, die soziale Umwelt, Weltanschauung, Bewusstseinsstufen. Die Faktoren bestimmen das „Zwangsschicksal" des Menschen. Zwangsschicksal heißt für Szondi, dass wir „ab ovo" notwendigerweise Merkmale, Schicksals- bzw. Existenzformen leiben und leben, die uns durch unsere Veranlagung, unsere Umwelt und die geschichtliche Situation, in der wir stehen, aufgenötigt worden sind.

Nach Szondi ist es jedoch bis zu einem gewissen Grade möglich, diese letztlich außerhalb unserer selbst liegenden Umstände zu erschließen und innerhalb gewisser Grenzen unsere Wahlhandlungen selbst zu lenken. Dies geschieht, wenn der Mensch dank seines Ichs an einer überindividuellen, sinngebenden Wirklichkeit teilzunehmen vermag, indem er sich aus Einsicht philosophischen, humanitären oder religiösen Werten verpflichtet fühlt und so die ihm vorgegebenen Lebensumstände transzendiert.

Eine umfassende Analyse des persönlich Unbewussten setzt nach Szondis [85)] voraus, dass man drei Sprachen berücksichtigt:

1. Die von Freud erforschte Symptomsprache
2. Die von Jung erforschte Symbolsprache
3. Die von ihm selbst erarbeitete Wahlsprache

Für Szondi sind also die drei großen Formen des Unbewussten Symptom, Symbol und Wahl.

Die von ihm entwickelte schicksalsanalytische Therapie soll dazu beitragen, dass sich der Patient mit seinen verschiedenen Ichfunktionen auseinanderzusetzen beginnt. Weiterhin soll die Fähigkeit des Ichs entwickelt werden, seine verschiedenen Funktionen so miteinander zu integrieren, dass es zu einem Zusammenspiel kommt. Szondi gelangt durch seine Analysen zu dem Ergebnis, dass Wahlhandlungen vorwiegend durch unbewusste Motive bestimmt werden. Diese liegen jedoch nicht außerhalb unseres Selbst, sondern - wie die astrologische Symbollehre beweist - in uns Selbst als eine „geprägte Form, die lebend sich entwickelt.

So können wir vorläufig zu dem Ergebnis kommen, dass der Mensch in seiner Anlage Sonne, Aszendent, Wesensgefüge, Interessenssphäre charakterlich vorstrukturiert ist in Temperament, Konstitution, Trieb- und Affektnatur, Psychodynamik und einer intentionalen Sozialaffinität. Ein Frei-Werden von der Vorstrukturiertheit gelingt nur dann, wenn das Individuum sich auf den Weg macht, seine wahren Handlungsmotive verstehen zu wollen, seine

Existenzialien zu ergründen, sein In-der-Welt-Sein voll zu erschließen, wie es Heidegger fordert.

Dann wird es ihm möglich, seine individuelle Eingebundenheit oder Inkarnation durch Selbsterkenntnis in eine höhere, überindividuelle Daseinszugehörigkeit zu überführen, deren Erweiterung in einer spirituellen Daseinsform zu finden ist. So verstanden dient die astrologische Symbollehre der Erkenntnis einer immanenten Transzendenz, der jedes Individuum unterworfen ist. Er wird erkennen, dass in ihm eine Ordnung besteht, die er selbst zu ordnen hat. So ist das Subjekt ontisch vorstrukturiert und dazu aufgerufen, zum Individuum zu werden.

6. Das psychodiagnostische Gespräch

Wenn wir dem Anspruch gerecht werden wollen, die immanenten Wesenskräfte und das „wahre Wesen" eines Menschen durch die Methode der integrativen astrologischen Psychodiagnostik verstehen zu wollen, so müssen wir uns darüber bewusst werden, dass dieses „Wesentliche" im Menschen erstens schwer zugänglich ist und zweitens durch die Erziehung und weitere soziokulturelle Einflüsse überlagert wurde.

Ebenso hat durch unsere Alltagswirklichkeit der Einzelne kaum die Chance, sich Zugang zu seinem wahren Wesen zu verschaffen. Am deutlichsten wird dieses Phänomen dann, wenn es um die Frage der persönlichen Selbsteinschätzung geht. Hier zeigt sich, dass die Selbsteinschätzung des eigenen Wesens, des eigenen Ich, der eigenen Identität verschiedene Grade der Bewusstheit annehmen kann. Für den Persönlichkeitspsychologen ist die Selbstbeschreibung keine sichere Erkenntnisquelle, denn es besteht die Gefahr, dass die Selbstbeschreibung eines Menschen häufig mit Wunschvorstellungen oder auch Modeerscheinungen besetzt ist. Mehrere Untersuchungen belegen diese weitgehend verbreitete mangelhafte Selbsteinschätzung und Selbsterkenntnis beim Menschen. Der französische Forscher Gauquelin verschickte 1971 für 150 Interessenten dasselbe mit Eigenschaftswörtern fingierte Horoskop. Das Ergebnis war, dass 94% der Überzeugung waren, die astrologische Analyse gebe genau ihren Charakter wider. Kein Wunder, denn die speziell dafür ausgesuchten Eigenschaftswörter waren gezielt eingesetzt und beschrieben Eigenschaften wie herzlich, ehrenhaft, rechtschaffen etc. Dieses Ergebnis erscheint angesichts der oben genannten Tatsache wirklich nicht verwunderlich.

Ähnliche Mängel in der menschlichen Selbstbeschreibung, wie zum Beispiel das sogenannte Krieger-Zietz-Phänomen, brachten fingierte Persönlichkeitstests zutage. Dieses Phänomen basiert vorwiegend darauf, dass sich herausstellte, dass die meisten Menschen verschwommene, allgemeine Persönlichkeitsaussagen als spezifische Charakteristika der eigenen Person annehmen.

Hierbei stammt die überzeugendste und einfachste Demonstration von Ulrich, Stachnik und Stainton [86]: Mit einer Reihe von Versuchspersonen wurde eine Anzahl Tests durchgeführt. Eine Woche später bekamen dann die Teilnehmer das „Ergebnis" dieser Tests in Form eines charakterologischen Gutachtens zurück. Der Trick bestand nun darin, dass alle Teilnehmer wortwörtlich denselben

Text, ein sogenanntes Allgemeingutachten, erhielten.
Dieses Gutachten enthielt folgenden Text:

> *„Sie haben ein starkes Bedürfnis danach, dass*
> *andere Sie gerne mögen und bewundern. Sie haben*
> *eine Tendenz zur Selbstkritik. Sie haben eine Menge*
> *unausgenutzter Kapazität, die Sie bislang noch*
> *nicht zu Ihrem Vorteil genutzt haben. Obgleich Sie*
> *einige Schwächen haben, sind Sie im allgemeinen in*
> *der Lage, diese auszugleichen. Ihre sexuelle*
> *Anpassung hat Ihnen einige Probleme gemacht.*
> *Obgleich Sie äußerlich diszipliniert und kontrolliert*
> *wirken, sind Sie in Wirklichkeit oft grüblerisch und*
> *unsicher. Manchmal haben Sie ernsthafte Zweifel,*
> *ob Ihre Entscheidungen richtig waren und Sie das*
> *Richtige getan haben. Sie bevorzugen ein gewisses*
> *Maß von Veränderung und Abwechslung, und Sie*
> *sind unzufrieden, wenn Sie durch Einschränkungen*
> *und Begrenzungen behindert werden. Sie sind stolz*
> *darauf, ein unabhängiger Denker zu sein und nicht*
> *anderer Leute Meinung ohne Gründe zu*
> *akzeptieren. Sie haben gelernt, dass es unklug ist,*
> *zu anderen zu offen zu sein. Zeitweise sind Sie*
> *umgänglich, extrovertiert und soziabel, manchmal*
> *jedoch sind Sie aber auch introvertiert, argwöhnisch*
> *und reserviert. Einige ihrer Ziele sind ziemlich*
> *unrealistisch.“*

Die Teilnehmer waren nun weiterhin gebeten worden, ein
paar Anmerkungen über zutreffendes und
nichtzutreffendes der Aussagen zu formulieren. Dabei kam
es zu folgenden Bemerkungen:

„Ich finde, sie haben eine gute Arbeit geleistet. Ich stimme mit fast allen Aussagen überein, es ist eine wertvolle Hilfe für die Probleme, die ich habe."

„Tests wie diese können einem Menschen wertvoll sein, ihm helfen, seine eigenen Probleme zu lösen."

„Die Interpretation ist überraschend genau und spezifisch in der Beschreibung."

Die Zustimmung der Begutachteten zeigt deutlich, dass sie für eine Brauchbarkeit persönlichkeitspsychologischer Aussagen wenig taugen. Weiterhin spiegeln solche Ergebnisse die mangelnde menschliche Selbsteinschätzung wider. Wir bewegen uns auf dem Gebiet der menschlichen Selbstbeurteilung auf einem sehr unsicheren Terrain. Die wissenschaftliche Unsicherheit wird noch durch den Faktor der anonymen Fragebogentechniken verstärkt.

Das Phänomen der mangelnden menschlichen Selbsteinschätzung hat seine Ursache wohl darin, dass die Einstellung des Einzelnen zur eigenen Selbsterkenntnis stark ambivalent ist. Einerseits wird Selbsterkenntnis gesucht, andererseits auch vielfach gefürchtet, denn das bisher aufgebaute und angenommene Selbstkonzept kann ja großen Schaden erleiden.

Durch all dies rückt das unmittelbare psychodiagnostische Gespräch in den Mittelpunkt als die einzige menschliche Weise zur Erkenntnis und zum Verständnis des Anderen. Das Gespräch aber sollte so angelegt und ausgerichtet sein, dass beim Zusammentreffen zweier Menschen die Einstellung vorherrscht, dass jeder einen Lehrer hat. Wird dieser Grundsatz eingehalten, dann ist das psychodiagnostische Gespräch das Rückgrat jeder Persönlichkeitsdiagnose.

Freilich sehen hier die Kritiker die Gefahr des zu hohen Grades von Subjektivität, die der Begutachter entwickeln kann. So wird die Beziehung zu einem sozialpsychologischen Phänomen, dessen sich der Therapeut bewusst sein muss.

Um den sozialpsychologischen Aspekt näher zu bestimmen, entwickelt Viktor von Weizäcker den Begriff der „biographischen Anamnese". Dieser Begriff findet seine Grundlage in den Erkenntnissen der Tiefenpsychologie Freuds, der Soziologie und der Sozialpsychologie. Die „biographische Anamnese" erhebt den Anspruch, physiologische und pathologische Symptome aus der Ganzheit des leidenden Menschen und seiner sozialer Umstände zu verstehen. So bildet z.B. die soziale Rolle, die Klient und Begutachter einnehmen, eine zu beachtende soziologische Komponente. Je nach der sozialen Rolle, die der Untersuchende an institutionalisierten Gebilden einnimmt, wird der zu Untersuchende ein unterschiedliches Maß an Zugewandtheit und Öffnungsbereitschaft entgegenbringen:

> „Dem Staatsanwalt sagt man nicht das, was man dem Seelsorger sagt."

So ist bei Nichtbeachtung des Beziehungsfeldes eine starke Fehlerquelle direkter und indirekter Natur vorhanden. Dabei entsteht die direkte Fehlerquelle dadurch, dass das Verhalten und die Aussagen des Probanden durch den soziologischen Rahmen verändert werden, während die indirekte Fehlerquelle darin besteht, dass der Untersuchende rein sozialpsychologisch-rollenspezifisches Verhalten fälschlich charakterologisch interpretiert. Aufgrund dieser Erkenntnisse ist es erforderlich, dass die Psychodiagnostik neue Gesprächstechniken entwickelt.

Die klassische Form der Anamnese und der Exploration bedürfen somit einer Erneuerung. Beide Techniken sind nicht dialogisch aufgebaut und berücksichtigen daher nicht das sozialpsychologische Beziehungsfeld. Hierbei ist die Exploration wohl das gröbere Instrument. Entwickelt wurde diese Technik vorwiegend im diagnostischen Umgang mit „Psychotikern" und „gehirnorganisch Kranken". In der psychiatrischen Exploration versucht man, psychopathologische Verhaltensweisen vor allem verbal zu provozieren oder man bemüht sich, durch gezielte, oft auch larvierte Fragestellung Auskünfte über krankhafte Erlebnis- und Verhaltensweisen zu bekommen.

Im Untersuchungsgespräch zeichnet sich diese Technik in erster Linie dadurch aus, dass dem Untersuchenden ein hoher Aktivitätsgrad zukommt und dass bei ihm keinerlei Interesse am zwischenmenschlichen Austausch zwischen ihm und dem Patienten besteht. Der Untersuchende will mehr oder weniger bestimmte, umschriebene Aussagen.

Ihre Anwendung findet die Exploration vor allem im klinischen Alltag, wo wenig Zeit zur Verfügung steht und in aller Kürze eine vorläufige Zuordnung getroffen werden muss. So handelt es sich hier um ein „faktenorientiertes klinisches Gespräch". Der persönlichen Entfaltung und dem Wesensausdruck des zu Untersuchenden sind dadurch natürlich bedenkliche Grenzen gesetzt. Denn der Untersuchende limitiert den Entfaltungsraum des Klienten durch seine gesteigerte Intention.

Bei der Anamnese ist eine gute Beziehung zwischen Therapeut und Patient Voraussetzung für die Entfaltung der Persönlichkeit und den Zugang zur persönlichen Situation des Klienten. Natürlich spielt hier auch der erweiterte Zeitfaktor eine bedeutende Rolle. So kann eine gute „biographische Anamnese" nur in einer guten Beziehung zwischen Untersuchendem und Klient erhoben werden, wobei unter gut der Grad des Vertrauens und der Vertrautheit zu verstehen ist.

Den weitaus größten und umfassendsten Rahmen der wissenschaftlichen Methoden der explorativen Gesprächsführung bildet die „integrative Psychodiagnostik", die vorwiegend dialogisch aufgebaut ist. Diese Art der Gesprächsführung versucht, die Beziehungsmomente zwischen Patient und Therapeut auf verschiedenen Ebenen zur Entfaltung zu bringen. Von der Anamnese und der Exploration unterscheidet sich die integrative Psychodiagnostik durch drei Aspekte:

- Es fehlt die straffe Gliederung
- Der Untersuchende ist mehr motivations- als informationsorientiert
- Die Information zwischen Patient und Untersuchendem wird als wesentlicher Bestandteil angesehen

Im Gegensatz zum methodischen Ideal der vorherrschenden Naturwissenschaften, deren Techniken -

ohne Wertung - asozial verlaufen, ist die integrative Psychodiagnostik spezifisch sozial aufgebaut. Will man diese Methode einordnen, so bildet sie eine Synthese zwischen dem rein diagnostischen und dem therapeutischen Gespräch. Dabei wird ein partnerschaftliches Verhältnis zwischen zwei Menschen angestrebt, wobei der Grad dieses Verhältnisses vom Therapeuten bestimmt wird. Durch das Mehr an Erkenntnis und Erfahrung über zwischenmenschliche Zusammenhänge kann dies der Therapeut im Normalfall steuern.

Eine solche Gesprächsform hat den Vorteil, dass die Gesprächsbereitschaft und das Vertrauen des Klienten gefördert wird. So kann dann aus einem hohen Grad an Intimität und Vertrautheit zu der aktuellen und intimen Problematik und Symptomatik übergewechselt werden. Ein solchermaßen aufgebauter therapeutischer Rahmen kann dazu beitragen, einen Bereich menschlicher Atmosphäre in unserer technologisierten Zeit zu erhalten.

Durch diese angesprochenen Erkenntnisse wird der Dialog zu einem essentiellen Bestandteil jeder modernen Psychotherapie.

Der hermeneutische Therapeut bedient sich nun der ganzheitsbezogenen und dialogisch aufgebauten Gesprächsform. Dabei verfügt er über das persönliche Psychogramm (Horoskop) des zu Untersuchenden über einen hohen Grad an Vorinformation. Er erkennt auf einen Blick die angeborene Triebambivalenz, die Struktur der Seele und die psychosozialen Konfliktbereiche, von denen Sigmund Freud spricht, ebenso die phylogenetische Reaktionsbereitschaft, von der C. G. Jung spricht. So hat der hermeneutische Therapeut einen tieferen Einblick in das Wesen des Klienten, seine Handlungsmotive, seine besondere Art des In-der-Welt-Seins.

Die Aufgabe einer Psychodiagnostik ist es nun, die Symbole und deren reale Entsprechungen aus der Lebenssituation zu ermitteln. Dabei wird im Lauf der Therapie deutlich, wie weit ein Mensch von seinem Wesenskern entfernt ist, wie weit seine Identitätsbildung geschädigt wurde durch die aufgedrängten sozialen Zwänge und Rollen.

Wir können hier die Identitätsbildung nachvollziehen, wie sie Erikson beschreibt:

> „Bei der Identitätsbildung haben wir es mit einem Prozess zu tun, der im Kern eines Individuums lokalisiert ist, einem Prozess, der auf allen Ebenen des seelischen Funktionierens vor sich geht." [87]

Nicht umsonst fordert Erikson deshalb eine neue Methode zur Identitäterfassung, die folgendermaßen aussehen soll:

> „Eine der methodologischen Vorbedingungen, um die Identität zu erfassen, wäre... eine Psychoanalyse, die verfeinert genug wäre, um die Umwelt zu erfassen; die andere wäre eine Sozialpsychologie, die psychoanalytisch verfeinert ist." [88]

Der hermeneutisch ausgerichtete Psychotherapeut kann nun mit seinem Instrument der astrologischen Symbollehre diese Kriterien erfüllen. Seine Aufgabe ist es, die Pseudo-Identität des Klienten zu erkennen, um im therapeutischen

Gespräch die wahre Identität, die primäre Natur des Betreffenden heraus zu formen und ihn gegen Überfremdungen zu sensibilisieren. So bekommt die alte Weisheit „Werde der Du bist, Mensch werd' wesentlich" eine neue Bedeutung.

Durch die Zuhilfenahme des astrologischen Diagnoseinstrumentes und durch eine partnerbezogene Dialogform wird zunächst eine bewusstere Selbstwahrnehmung gefordert. Die erweiterte Selbstwahrnehmung führt dann zu einer neuen und sinnvolleren Form der Selbstentfaltung. So wird der Begriff Heilung als wesenhafte Ganzwerdung verwirklicht. Die Ganzwerdung ist gleichzeitig verbunden mit einer Bewusstseinserweiterung, die sich nicht nur speziell auf das Individuum (Klient) bezieht, sondern auch das soziale Umfeld des Klienten mitberücksichtigt und erhellt. Dies bedeutet, dass der Alltag und die Alltagswelt, die interpersonellen Beziehungen, den grundlegenden Ausgangspunkt für jede Heilung darstellen.

So seltsam es zunächst klingen mag, gibt das persönliche Psychogramm auch darüber Auskunft, wie die soziale Aufgabe des Einzelnen im Kollektiv auszusehen hat. Platons Worte bekommen so einen ganz neuen Sinn, wenn er schreibt:

„Der Mensch kann an den Urbildern den Sinn seines Daseins erkennen, er gewahrt das höchste Gute, das Absolute; von der Ganzheit her kann er sich selbst ordnen, in geläuterter Erkenntnis sich vervollkommnen. Er ist aufgerufen, auf seine

*Umwelt einzuwirken. Das Erkannte soll nach außen
in die Gemeinschaft und den Staat wirken."*

Schon Platon war klar, dass jede Selbstverwirklichung nur
in einem Austausch zwischen Innenwelt und Außenwelt
erfolgen kann, in einem ständigen Austausch zwischen
Individuum, Gemeinschaft und Gesellschaft.

Das auf einer astrologischen Grundlage beruhende
psychodiagnostische Gespräch bietet noch einen weiteren
Vorteil, den es noch zu erwähnen gilt:
Es reduziert die Gefahr der Übertragung und
Gegenübertragung auf ein Minimum. Denn der geschulte
hermeneutische Therapeut ist sich durch eine
Selbstanalyse über seine eigenen Wertungen und
Anschauungen bewusst und hat so eine ausgeprägtere
Toleranz gegenüber fremden Anschauungen, Wertungen
und Erlebensweisen. Er geht mit Selbstakzeptanz ins
therapeutische Gespräch und kann mit Würde und Achtung
einem fremden Leben gegenübertreten.

7. Von der Freiheit des Menschen

(Vom Subjekt zum Individuum)

In den vorhergehenden Kapiteln wurde dargestellt, dass die astrologische Symbollehre eine geeignete Methode ist, den persönlichen Anlageplan eines Menschen hermeneutisch zu erschließen. Darüber hinaus ist die Symbollehre ein Mittel, sich in die körperlichen, seelischen und geistigen Anlagen eines einzelnen Einsicht zu verschaffen. Durch analytisches Vorgehen, durch ernsthaftes Prüfen ist es gelungen, diese Lehre von Aberglauben und Vorurteilen zu befreien und sie für therapeutische Dienste nutzbar zu machen.

Meine jahrelangen Forschungen und Erfahrungen auf diesem Gebiet haben gezeigt, dass uns durch die rasante Entwicklung der positivistischen Wissenschaften eine erkenntnistheoretische Dimension unseres Daseins verloren ging, ebenso eine essentielle Erkenntnishaltung.

Die Wissenschaften haben - in all ihrer Eile und hektischen „Vorwärts"-Bewegung - Wissensgebiete, die an mystische Traditionen erinnerten, gleichgesetzt mit Urreligionen primitiver Völker und somit in den Bereich des Aberglaubens verwiesen. Dadurch wurde nicht erkannt, dass sich hinter einer Lehre wie der Symbolik eine jahrhundertelange systematische Erforschung der menschlichen Psyche verbarg.

Nur weil die Sprache nicht verstanden wurde, wurde dieser Bereich als Irrlehre verdammt. So gab es lange Zeit nur wenige Menschen, die sich bemühten, die Sprache aus Urzeiten kennenzulernen.

Wir befinden uns inzwischen in einer neuen, neu-machenden Zeitepoche, in der die wahre „philosophia perennis" wieder entdeckt wird. Dies wird daran erkennbar, dass derzeit in allen wissenschaftlichen Bereichen ein Paradigmenwechsel stattfindet. Die alte cartesianisch-newtonsche Vorstellung vom Universum als einer gigantischen Maschine wird endlich abgelöst. An ihre Stelle tritt die Vorstellung von einem allumfassenden Organismus, der von einer kreativen kosmischen Intelligenz gesteuert wird.

Auf diese Art und Weise werden wir „frei" von einem starren Weltbild, das uns so stark eingeengt hat - bis hinunter in unseren sozialen Alltag. Ein weiteres Merkmal der Wandlung in den Wissenschaften besteht darin, dass mittlerweile Realitätsebenen akzeptiert werden, die sich der Beobachtung bei normalem Bewusstsein entziehen. Denke man nur an die physikalische Forschung und das Phänomen der Neutrinos! (Nobelpreis 1995.)

So wird auch die astrologische Symbollehre zu neuem Ansehen und zu erkenntnistheoretischer Bedeutung gelangen. Die Übersetzung von Symbolen wird in der Regel nur dadurch begrenzt, dass der Übersetzer an seine Grenzen stößt. Oder anders ausgedrückt: Der Inhalt der Symbole reicht weit, aber wie weit reicht das Verständnis des Übersetzers?

Wir können über Symbole nachdenken wie wir über Probleme reflektieren können. Erkenntnis jedoch erfordert eine andere Dimension als das Nachdenken. Eben dies zu vermitteln und auf dies hinzuweisen, war das Anliegen der vorangegangenen Kapitel. Im weiteren möchte ich nun der Frage nachgehen, inwieweit sich ein Mensch selbst bestimmt und wo die Grenzen zu suchen sind, die ihm anscheinend auferlegt wurden, durch Erbe, Sozialstruktur und Kosmogramm.

„... so musst Du sein, Dir kannst Du nicht entfliehen...." [89]

Die uralte Frage danach, ob der Mensch frei oder bestimmt (determiniert) ist, berührte die philosophischen Gemüter seit Jahrtausenden. War es in der „polis" noch möglich, unbefangen über ein solches Thema zu diskutieren, so ist dies heute in dieser Form so gut wie unmöglich geworden. Unsere hochkomplexe Gesellschaft hat mittlerweile eine Vielfalt von Wissen angesammelt, die eine Differenzierung dieser Frage notwendig macht. Dabei ist es auffallend, dass wir zwar ein großes technisches Verfügungswissen besitzen, jedoch kaum noch ein Orientierungswissen mehr haben. Das technische Wissen der Experten nimmt immer weiter zu, wohingegen Wissen, das der Orientierung dient, eher abnimmt.

Es ist nicht verwunderlich, wenn die gegenwärtige Wissenschaft immer häufiger ins Kreuzfeuer der Kritik gerät. Die Spezialisierung der Wissenschaften führte zu einer Unüberschaubarkeit des Wissens, so dass nur eine interdisziplinäre Forschung zu neuer Orientierung verhelfen kann. Hier sei vor allem die Sozialwissenschaft mit ihren teilweise spartenübergreifenden Erkenntnissen erwähnt. Diese Wissenschaft möchte ich daher versuchen, sinnvoll anzuwenden.

Die Disziplin hat sich unter anderem zur Aufgabe gemacht, die Beziehung des Menschen und seiner Menschwerdung in einer Gesellschaft zu analysieren. Der Ausgangspunkt ist der, dass die natürliche, soziale und kulturelle Umwelt auf den Menschen einen prägenden Einfluss ausüben. Dieser Einfluss kann stimulierend, entwicklungsfördernd, hemmend, bereichernd oder verkümmernd sein.

Den Prozess, dem jeder Mensch in seiner Menschwerdung unterworfen ist, nennt der Sozialwissenschaftler "Sozialisation". Die Sozialisationsforschung hat nun einen ausgeprägten interdisziplinären Charakter, d.h. es werden verschiedene andere Wissenschaften sinnvoll eingebunden, wie z.B. Psychologie, Psychoanalyse, Kulturanthropologie, Pädagogik, Soziolinguistik. Daraus entwickeln sich die subjekttheoretischen Positionen der Sozialisationsforschung. Ich will im folgenden versuchen, die Beziehung zwischen Individuum und Gesellschaft vereinfacht darzustellen.

Jeder Mensch wird aufgrund seiner Zugehörigkeit zu einer Gesellschaft und einer Kultur zu einer "soziokulturellen Persönlichkeit". Darunter ist zu verstehen, dass der Mensch durch Soziabilisierung, Enkulturation und Personalisation die gesellschaftlichen Verhaltenserwartungen und kulturellen Wertgehalte internalisiert, um am Geschehen seiner sozial-kulturellen Umwelt teilnehmen zu können. Internalisieren heißt so viel wie verinnerlichen, zu eigen machen. Durch die Internalisierung bildet sich die soziale Identität.

Das Subjekt wird in einen Strom von Alltagswissen, Werten und Vorurteilen hineingeboren.
Je nach Standort in der Gesellschaft bestehen hier Unterschiede. So legt die eine Familie viel Wert auf das Erlernen eines Musikinstruments, während eine andere mehr am Fußballspielen interessiert ist. Durch den sozialen Standort bekommt das Subjekt ein Bild von sozialer Wirklichkeit vermittelt. Es eignet sich einen subjektiven Wissensvorrat an, mit Hilfe dessen es sich selbst und die Welt interpretiert. Dieser Wissensvorrat, der die das Bewusstsein prägende Sprache übernimmt, ist zunächst unreflektiert.

Das Subjekt bekommt sein Wissen - oder kein Wissen - sozusagen aus zweiter Hand vermittelt. Hinterfragt wird diese Wirklichkeit gewöhnlich nicht. So fehlt häufig eine tiefere Durchdringung gesellschaftlicher Phänomene. Erst wenn sich Widersprüchlichkeiten auftun zwischen der Eigenerfahrung und dem vermittelten Wissen, zeigen sich in der Regel Reflexionsprozesse. Daraus entwickeln sich häufig individuelle Sinnkrisen.

Die Vermittler von Wissen aus zweiter Hand sind die Bildungsstätten, die Massenmedien (immer wichtiger), die Parteien, die Kirchen etc., die weiterhin dazu beitragen, dass weitgehend ungeprüft soziale Vor- und Werturteile übernommen werden. So wurde uns allen z.B. das cartesianisch-newtonsche Weltbild übermittelt, das implizit besagt, dass Astrologie eine Scharlatanerie, ein Aberglauben wäre. Den Prozess der Internalisierung genauer zu analysieren, ist das Aufgabengebiet der Sozialisationsforschung.

Die Vergesellschaftung des Menschen (Sozialisation) verläuft - wie oben bereits erwähnt - in drei Phasen: Soziabilisierung, Enkulturation und Personalisation:

Die erste Phase umfasst den Rahmen der Kernfamilie, speziell die Mutter-Kind-Beziehung. (Dass viele Väter in diesem Bezug inzwischen eine andere Rolle spielen als vor wenigen Jahrzehnten noch, sei einmal außeracht gelassen.) Hier finden primäre Positions- und Statuszuweisungen statt. Diesem Bereich hat sich Sigmund Freud zugewendet, indem er die frühkindliche Prägung in den Vordergrund seiner Untersuchungen stellte.

Die zweite Phase, die Enkulturation, entwickelt nun ein Wert- und Normsystem, so dass das Kind unterscheiden lernt zwischen Gut und Böse, Wahr und Unwahr, Richtig und Falsch. So werden Gewissen und ein kulturelles Über-Ich vermittelt im Sinne eines verpflichtenden sittlichen Orientierungsrahmens. Vermittelt werden diese Werte durch Schulen und andere Bildungs-Einrichtungen, Medien (Werbung!), Kirchen, Parteien etc.

Der Bereich der dritten Phase gestaltet sich nun etwas schwieriger. Geht es bei der Soziabilisierung und der Enkulturation um das Hineinwachsen des Menschen in die Gesellschaft und den Kulturkreis sowie um die Verinnerlichung von Verhaltensweisen und Wertnormen, so kann die Personalisation als der Bereich der Selbstformung und -steuerung bezeichnet werden, der das "Herauswachsen" mit beinhaltet.

In dieser Phase werden einige Triebstrukturen gesellschaftlich eingebracht. Ebenso wird eine

sinngebende, koordinierende und verantwortungs-
orientierte Auswahl von Faktoren getroffen, die
Gesellschaft und Kultur zur Verfügung stellen. Die Phase
der Personalisation kann durch die integrative
astrologische Psychodiagnostik wesentlich erleichtert
werden. Durch sie kann der Einzelne seine Triebdynamik
und seine Wesenseigenheit erfassen und entsprechend
ausgestalten.

Bei diesem Prozess spielt die Vermittlung von Sprache eine
bedeutende Rolle. Sprachstruktur spiegelt
Gesellschaftsstruktur wider. Wir haben z.B. in unserer
Epoche nicht gelernt, mit der Symbolsprache umzugehen,
obwohl das Grundphänomen aller Sprachen das Symbol ist.
Sprache wird so zu einem wesentlichen Faktor der
Aneignung sozialer und wesenseigener Wirklichkeit. Sie ist
das Instrument, mit dem Bewusstsein vermittelt wird. Wir
können sagen: Sprache ist der Träger von Bewusstsein.

Vermittelt uns die sozio-kulturell angenommene Sprache
ein gesellschaftliches Bewusstsein, so vermittelt uns die
Ursprache der Symbole ein Bewusstsein von unserem
transzendentalen Wesen. Der Mensch lernt, in sozialen
Rollen und Rollenerwartungen zu leben, ohne sich über
sein transzendentales Wesen bewusst zu werden. Es fehlt
ihm die hierzu notwendige Sprachvermittlung. Er
entwickelt Verhaltensmuster, die sich in Umgangsformen,
Sprache, Konventionen, Geboten und Verboten
niederschlagen und die vorwiegend von außen an ihn
herangetragen worden sind. Daraus bildet sich der "Ort des
Ichs", die "persona", wie es C. G. Jung nennt, wie sich ein
Mensch gegenüber der Gesellschaft - also nach außen hin -

zeigt und wie er glaubt, sich verhalten zu müssen: Die soziale Identität.

Die sozio-kulturelle Persönlichkeit möchte ich nun als das soziale Subjekt bezeichnen, und zwar in seiner ureigenen Bedeutung als soziales Unterworfen-Sein, im Gegensatz zum tranzendentalen Subjekt als einer spirituellen Unterworfenheit, wie sie ein Psychogramm aufzeigt.

Wir haben jetzt eine neue Ausgangsposition für die Frage nach Freiheit und Bestimmtheit des Menschen geschaffen. Der Weg zur Freiheit ist ein zweifacher geworden, erstens in Richtung soziales Individuum als einzigartiges soziales Wesen, zweitens in Richtung transzendentales Individuum als ein einzigartiges ganzgewordenes Einzelwesen, das sich seiner spirituellen Inhalte bewusst geworden ist, ohne sich dabei von der Gesellschaft zu isolieren. Wir müssen also zwischen einer äußeren und einer inneren Freiheit unterscheiden.

Heute erscheint mir diese Unterscheidung bedeutsamer denn je, denn der Mensch in unseren "Modernen Zeiten" kennt die Differenzierung zwischen innerer und äußerer Freiheit offensichtlich kaum noch. Dadurch, dass wir die letzten Jahrhunderte einen höheren Grad von Freiheit vorwiegend in sozialen Bereichen erobert haben - z.B. Ständefreiheit, "freies Vaterland", Glaubensfreiheit, sexuelle Freiheit, freie Meinungsäußerung, Pressefreiheit etc. - hat sich der Freiheitsbegriff völlig nach außen verlagert. So ist es der Mensch gewohnt, Freiheit in der Externalisierung zu suchen.

Von der inneren, transzendentalen Freiheit kann er sich dagegen keine rechte Vorstellung machen. Er mag vielleicht eine unbestimmte Ahnung davon haben, die ihm durch religiöse Bilder und Legenden vermittelt wurde. Erfahrungen sammeln konnte er in unserer derzeitigen Kulturepoche nicht. Es wurde ihm die nebelhafte Ansicht vermittelt, transzendentale Erfahrungen seien nur für Mystiker, Spinner oder sonstige "Tintenfischromantiker", bestenfalls für einige Auserwählte (Paramahansa Yogananda).

So konnte der moderne Mensch die auf das Transzendentale verweisenden Erfahrungen nicht in seinen Lebensalltag einbringen. Kein Ort der Ausbildung wird ihm an irgendwelchen staatlichen Bildungsstätten Geboten, an dem er durch praktische Übungen und Erlernen der Symbolsprache ausgebildet wird, Transzendentales in den eigenen Erfahrungsbereich zu integrieren. Der Sinngehalt der tranzendentalen inneren Fülle als Reichtum spiritueller Freiheit wird ihm nicht zugänglich gemacht. Die Schriften von Menschen, die davon Kunde gaben (z.B. Böhme, Eckehart, Lorber), blieben so dem Bewusstsein des heutigen Menschen fremd.

Es ist nicht verwunderlich, wenn der Begriff der Freiheit mittlerweile zu einem werbewirksamen Schlagwort verkommen ist. Er wird uns durch diffuse Bilder und (äußerliche) Symbole infiltriert. Der ursprünglich philosophische Gehalt des Freiheitsbegriffs hat sich ebenso reduziert, wie sich das Bild vom Menschen auf eine biologische Maschine reduziert hat. Wie sich in Zukunft jedoch das cartesianisch-newtonsche Weltbild verwandeln wird, so wird auch ein neues Verständnis von Freiheit aufkommen.

Neben der Freiheit, die ihre Erfüllung in der Externalisierung sucht, wartet auf uns nun der Bereich der seelisch-geistigen Freiheit, die es zu erobern gilt. Es geht nun darum, unsere transzendentale Freiheit in Erfahrung zu bringen. Da der heutige Mensch dies erst lernen muss, ist verständlich, dass er sich immer mehr auf die Maximierung der äußeren Freiheit fixiert und mehr denn je nach dieser strebt. Nur verwechselt er die Richtung. Unsere sich ständig stärker einengenden Sozialstrukturen erlauben keine große Expansion mehr. Diese Einengungen spiegeln sich in der zunehmenden Zahl der Angstneurosen wider. Jede erworbene Frei-Zeit wird sofort in eine Sozialstruktur eingewoben und eingeengt. Wie alles wird auch dies den Prinzipien der Gewinnmaximierung unterworfen.

Auffallend ist dennoch, dass der Mensch heute wie nie zuvor nach Freiheit strebt. Verbirgt sich hier vielleicht doch das Bedürfnis nach innerer Freiheit? Spürt er, dass die Freiheitsangebote, die ihm unsere Gesellschaft macht, lediglich dem momentanen Lustgewinn dienen? Sucht er spirituelle Freiheit?

Welche Schritte kann der Mensch gehen, um seine innere Freiheit in Erfahrung zu bringen? Ich möchte die Schritte vom sozialen Subjekt zum transzendentalen Individuum aufzeigen als einen Weg der Selbsterkenntnis und Selbstverantwortung für das eigene Leben in der Gemeinschaft.

7.1 Das soziale Subjekt

Wie die Analysen der Sozialforschung gezeigt haben, unterliegen wir Sozialisationsprozessen, die unbewusst und latent unser Verhalten und Handeln, unsere Werte und Vorurteile, unsere Art zu Denken und unsere Sprache bestimmen. Wir sind durch unser Geboren-Sein in eine bestimmte Umgebung ein soziales Subjekt geworden. Ein zunächst fremdbestimmtes, hilfloses Wesen, äußeren Eindrücken unter-worfen.

Als ein soziales "sub-jektere" kann die Existenz des Menschen verstanden werden, der unreflektiert sein Leben lebt, der sich konform verhält, sich dem "unfehlbaren" Gebot eines Papstes (Haben wir nicht sogar einen "Literaturpapst"?), der Überlieferung der Kirche, der Meinung eines Professors etc. unterordnet. Er unterliegt einem blinden Vertrauen feststehender Autorität. Das "man" ist sein Muss. "Man" tut dies, "man" tut das. Er hinterfragt nichts und niemand. Natürlich nur, soweit es sich um allgemein Anerkanntes handelt ...

Dieses soziale Subjekt ist nicht an eine spezielle Schicht gebunden. Überall ist es anzutreffen. Wenn es von sich und seinen Gefühlen, seinen Absichten spricht, gebraucht es stets die Redewendung "man denkt, man fühlt". Seine Interessen sind weitgehend begrenzt auf seine Alltagssorgen, seine Gesundheit (meist eher irgendwelche Zipperlein), sein Einkommen. Sein sozialer Austausch beschränkt sich im wesentlichen auf seinen Beruf und seine nahen Verwandten, höchstens noch auf traditionelle Institutionen wie Sport-, Gesangs- oder Kleintierzuchtverein. Fs bezieht sich und die Vorstellung von Welt aus Medien trivialer Art. Es ist der kleine Mann, wie ihn Wilhelm Reich beschreibt. [90)]

Hier ist der erste Schritt in Richtung Freiheit zu suchen!

Freiheit im sozialen Sinne bedeutet zunächst, unsere Sozialisation bewusst zu reflektieren., d.h. Erkenntnis zu gewinnen über Normen und Werte, über Weltanschauungen, die uns durch unsere Erziehung und kontemporäre gesellschaftliche Umweltbedingungen vermittelt wurden. Dabei ist der Erkenntnismittelpunkt zunächst das Subjekt selbst. Es muss sich die ernsthaften Fragen stellen:

> *"Stimmt das mit MEINER Welterfahrung überein, was man mir erzählt?*
> *Stimmt es mit MEINEM Rechtsgefühl überein?*
> *Ist das MEIN Leben?*
> *Will ICH so sein?"*

Diese reflektierende Einstellung führt häufig zu Sinnkrisen, weil hier vertraute und im Lebensraum anerkannte Muster, Werte und Normen brüchig werden, nicht mehr stimmen. Solche Sinnkrisen werden meist durch psychosomatische Symptome, berufliche und private Konflikte evident und haben häufig einen transformierenden Charakter. Es kommt zu einer Konversionsentscheidung, die eine Identitätsänderung mit sich bringt, sei es im religiösen Bereich, sei es der Wandel vom Industriemanager zum Heilpraktiker.

Durch den ReflexionsProzess beginnt sich in diesem Menschen ein soziales Bewusstsein zu entwickeln, indem er gesellschaftliche Autorität hinterfragt. Nur so kam es zur Frauenbewegung, der Ökologiebewegung, all den diversen, wenn auch noch so unterschiedlichen Bürgerinitiativen - und nicht zuletzt zu einem Neuerwachen des Interesses an spirituellen Inhalten. Alle diese Veränderungen nehmen auf der persönlichen Ebene ihren Anfang. Sie entwickeln sich aus privaten Zwangslagen, die sich unmittelbar in der individuellen Psyche kristallisieren. Durch solche Krisen [91)]beginnt das soziale Subjekt, sein Unterworfen-Sein aktiv zu bewältigen. Es beginnt, sich gesellschaftlich einzubringen und entwickelt sich zum sozialen Individuum.

7 .2 Das soziale Individuum

Ein solcher Mensch hat erkannt, dass an erster Stelle in seinem Leben nicht blinder Gehorsam, Pflichterfüllung, Prestige usw. stehen, sondern er sieht die Priorität in der Bedeutung seiner Einzigartigkeit. Er hält sich an Werte, die er aus seinem eigenen Erfahrungsbereich gewonnen hat, die er vor sich selbst verantworten kann und die er in die Gesellschaft einbringen möchte. So trägt er durch die Artikulation seiner Überzeugungen zu einer kreativen Bereicherung der Gesellschaft bei, indem er Werte, die aus seinem Innern erwachsen sind, zum Ausdruck bringt. Er hat gesellschaftliche Selbstverantwortung übernommen.

Er beginnt, Autoritäten und Informationen, die ihm aus zweiter Hand übermittelt werden, kritisch zu hinterfragen.

Er begreift, dass seine Alltagsprobleme, seine Gesundheit, sein Einkommen gesellschaftliche Hintergründe haben. Er orientiert sich nicht mehr am "man", sondern am "ich".

Er beginnt, die positivistisch orientierten gesellschaftlichen Strukturen zu begreifen. Er weiß, dass sie der Gewinnmaximierung dienen und nicht dem Menschen. Er durchschaut die Rationalisierungsmaßnahmen in seinem Betrieb, die Massenabfertigung seines Arztes, die zerstörte Zwischenmenschlichkeit um ihn herum und das Desinteresse der Autoritäten an seiner Person.

Er gründet eine Gruppe, die auf seine Bedürfnisse aufmerksam macht, oder er schließt sich einer solchen Gruppe an, formell oder informell oder wie auch immer. Er wird gesellschaftlich aktiv.

Durch diese Prozesse wird er die Erfahrung machen, dass etwas in ihm ist, das ihn motiviert, diese oder jene Werte zu vertreten, sich "issues" zugehörig zu fühlen. So nimmt der Grad an Selbsterkenntnis zu, den Heidegger als Durchsichtigkeit des Daseins beschreibt.

Er erfährt ein "Inneres" als eine innere Stimme, die ihm den Weg weist. Er erfährt eine Sicherheit, die er aus sich selbst bezieht. Die Orientierung aus sich selbst nimmt zu. Dadurch erlernt er eine Selbstsicherheit, die ihn wahrnehmungsfähiger und offener macht. Er wird sich bewusst, dass in ihm ein inneres Gesetz, eine Ordnung besteht, die ihn zur Gestaltung seiner Individuation in dieser oder jener Form motiviert.

Dies führt ihn zur Erkenntnis einer immanenten Transzendenz, und er vollzieht den Schritt zum transzendentalen Subjekt.

7.3 Das transzendentale Subjekt

Das transzendentale Subjekt hat erkannt, dass es verschiedene Arten des In-der-Welt-Seins gibt; dass über die Erziehungsstrukturen hinaus eine ihm auferlegte "innere Struktur" existiert, die von einer transzendentalen Daseinsweise Kunde gibt. Ein solcher Mensch lernt, sein Leben aus einer inneren Perspektiv e zu interpretieren.

Er wird sich über die Bedeutung seiner wesenseigenen Psychodynamik bewusst. Er begreift so das immanente Gesetz seines Daseins und beginnt seine Erlebnisse auf dieses Gesetz hin zu interpretieren. Seine Handlungen, seine sozialen Beziehungen, seine seelischen Gestimmtheiten lernt er aus einer transzendentalen Perspektiv e zu verstehen.

Er beginnt, den Sinn seines Daseins hinter den Erscheinungen zu suchen. Er wird frei von egoistischen Selbsttäuschungen und erreicht eine Durchsichtigkeit lebensweltlicher Zusammenhänge. Er erfährt ein transzendentales Unterworfensein, ähnlich der Unterworfenheit unter die sozialen Gesetze. Der soweit entwickelte Mensch beginnt sein Handeln und Verhalten, sein Erleben, seine schicksalhaften Wendungen und Erfahrungen aus seinem ihm innewohnenden Wesensgesetz zu verstehen.

Er erfährt Sinn, indem er sich darüber klar wird, dass es seine Pflicht ist, das innewohnende Wesenhafte durch sich selbst als Mensch zum Ausdruck zu bringen. Er beginnt, das Leben als Lehre zu betrachten und ist sich bewusst, dass er hierzu die Gemeinschaft mit Anderen braucht. Vollzieht er diesen Schritt, so geht er den Weg zum transzendentalen Individuum.

7.4 Das transzendentale Individuum

Das transzendentale Individuum weiß um die zweifache Art des Menschen. Es ist sich seines irdischen Ursprungs bewusst, und es ist sich seines transzendentalen Ursprungs bewusst. Es weiß, dass es nicht nur ein raum-zeitliches Wesen ist, sondern dass es einer überzeitlichen Gegenwart angehört. Dieses Wissen entspringt dabei aus einem tiefen inneren Bewusstsein.

Der Mensch, der in diesen Bereich vorgedrungen ist, hat sein Wesensgesetz erkannt und akzeptiert. Er sagt ja zu sich und ist sich seiner Lebensaufgabe bewusst geworden. Er sagt ja zu seinen Mitmenschen und seiner Gesellschaft ohne dabei in Inaktivität zu verfallen. Er kennt seinen Platz, an dem er an einer Vervollkommnung der Gesellschaft arbeitet, mit der Einsicht seiner Begrenztheit. Er weiß, dass er sich auf dem Weg zu seiner Ganzwerdung befindet.

Goethe drückt eine solche Erkenntnisebene folgendermaßen aus:

> *"Der Weise durchschaut das Verhältnis zu seinesgleichen, zu den Menschen, zur ganzen Menschheit, sein Verhältnis zu allem Notwendigen und Zufälligen, und so lebt er allein im kosmischen Sinne in der Wahrheit,"*

Das transzendentale Individuum weiß, dass seine innere Freiheit und innere Festigkeit kein Gnadengeschenk von oben ist, sondern der Siegespreis eines harten Kampfes mit sich selbst um die innere Gelassenheit. Es ist nicht die äußere Weise zu sein, die ihn kennzeichnet, sondern die innere Haltung, die Gesinnung, die durch ausdauerndste Übung errungen wird und durch kein Chaos mehr zerstreut oder zerstört werden kann.

Durch die Erkenntnisse der Tiefenpsychologie in Verbindung mit der Sozialisationsforschung können wir uns freimachen von Normen und Wertprägungen, die nicht unserer wesenseigenen Natur entsprechen. Wir sind in der Lage, uns zum sozialen Individuum emporzuheben.

Mit Hilfe der integrativen astrologischen Psychodiagnostik können wir wesenseigene Normen und Werte erkennen und unsere transzendentale Anlage in Erfahrung bringen. Dabei haben wir die Möglichkeit, uns zum transzendentalen Individuum zu entwickeln.

Freud hat uns auf diese tiefenpsychologische Dimension verwiesen, und wir sollten dessen Erkenntnisse sinnvoll mit der astrologischen Symbolik verbinden. Dies dient unserer sozialen Individuation. Doch nicht nur dem Einzelmenschen, sondern auch der Gesellschaft, denn gesündere, bewusstere Menschen bringen auch gesündere Strukturen hervor.

Eine weitere Befreiung findet durch die Erkenntnis der Beziehung zwischen Körper und Seele statt. Hier haben wir Wilhelm Reich anzuführen, der diesen Zusammenhang erforschte. Reich beobachtete, dass der Mensch sich infolge schwieriger psychischer Erlebnisse einen "Muskelpanzer" aufbaut, welcher dazu dient, ihn vor schmerzlichen und bedrohlichen emotionalen Erlebnissen zu schützen. So führte Reich die Leiblichkeit in die Psychoanalyse mit ein. Wir alle kennen die körperlichen Symptome wie verspannte Schultern, verspannte Kieferpartien, gebückte Haltung, krummer Rücken, einseitig hochgezogene Schulter, Hexenschuss, Bandscheibenprobleme etc. All dies sind - mehr oder weniger direkt - verkörperlichte Symptome seelischer Anspannungen, die durch unseren täglichen Überlebensk(r)ampf ausgelöst werden.

Ein Schüler von Wilhelm Reich, Alexander Lowen, hat mit seiner Technik der Bioenergetik eine ernstzunehmende Behandlungsform entwickelt, die sich speziell auf diese körperlichen Symptome seelischer Schwierigkeiten bezieht. Auch bei Karlfried Graf Dürckheim ist die Körperlichkeit ein wesentlicher Bestandteil seiner Therapieform. Dürckheim unterscheidet schon rein sprachlich: Für ihn ist es nicht mehr der getrennte Körper, den man hat, sondern der "Leib, der man ist". So gesehen ist der Leib der ganzheitliche Ausdruck der Gestimmtheiten und Gebärden, in denen der Mensch sich selbst fühlt, ausdrückt und darstellt. Damit wird auf die ursprüngliche Bedeutung des Wortes "Leib" zurückgegangen, was "Leben" bedeutet. "Darleiben" heißt "dar-leben". So ist der Leib ein Ausdruck wesenhaften lebendigen Daseins.

Die Erkenntnis dieser Tatsächlichkeit ist ein weiterer Schritt auf der Suche nach der menschlichen Freiheit. Eine Befreiung von Verspannungen, falscher leiblicher Haltung, Verformungen des Leibes etc. können nur eine erhöhte

Lebendigkeit in das individuelle Dasein bringen. Auch hier kann die astrologische Psychodiagnostik ein bedeutendes Hilfsmittel sein. Denn sie ist in der Lage, uns Einblick zu geben in die wesenseigene Körperkonstitution, in seelische Spannungsherde, tiefliegende Ängste und vieles mehr.

Ein wesentlicher Faktor, der uns in Richtung Freiheit führt, ist somit der, die eigene Selbstreflexion nicht nur als einen gedanklichen Prozess zu erleben, sondern eine ganzheitliche Form der Selbstwahrnehmung anzustreben. Hinter jeder verspannten Schulter, jedem verbissenen Kiefer verbergen sich Geschichten, die von einem ganz besonderen, nicht wiederholbaren Leben künden. Somatische Symptome sind somit in Zukunft als Wegweiser zu sehen, die uns zu unserem einzigartigen Dasein führen sollen. Diese Erkenntnis sollte jeden Einzelnen zu einem neuen Verständnis seines Lebens führen.

Freiheit heißt so zunächst, das eigene einzigartige Dasein wieder wahrnehmen zu können. Diese Selbstwahrnehmung ist ein weiterer Schritt in Richtung wirklicher Freiheit. Ist der Mensch soweit vorgedrungen, dass er seine wesenseigenen Anlagen wieder wahrzunehmen beginnt und sich über seine internalisierten Werte bewusst geworden ist, hat er seine Leiblichkeit neu entdeckt und dies alles in einen Gesamtzusammenhang mit seinem Leben gebracht, so hat er wahrhaftig einen Schritt in Richtung Freiheit vollbracht, da er eine ganzheitliche Reflexion vollbracht hat. Er kennt sein Temperament, seine seelischen Spannungsmomente, seine sozialen Konflikte, und hat gelernt, dies alles aus sich selbst heraus zu verstehen. Er weiß, wo er an sich selbst, im Körperlichen, im Sozialen zu arbeiten und zu lernen hat.

So wird ihm die Bedeutung seines einzigartigen Lebens bewusst, und er gewinnt die Erkenntnis von der Schönheit und des Reichtums seines Lebens.

Zu diesem Reichtum gehören aber auch die Einsicht der eigenen Grenzen, die jedem auferlegt sind. Denken wir dabei an die musischen Talente, so zeigt es sich, dass es nur Wenigen möglich war, musikalische Werke von bleibendem Wert zu schaffen. Obwohl viele Musiker über die technischen Möglichkeiten verfügen, ist z.B. nicht jeder ein Mozart, Hendrix oder Lennon geworden.

Weiterzugehen in Richtung Freiheit, heißt auch sich von Wunschträumen zu befreien, von Idealbildern Abschied zu nehmen, die nicht der wesenseigenen Anlage entsprechen. Hier sind vor allem die Eltern angesprochen, die oft aus ihren Kindern etwas machen wollen, was sie von Natur aus nicht sind. Aus solchem erwachsen nur unglückliche Menschen.

Ein weiterer Schritt in Richtung Freiheit ist der, andere Menschen nicht gegen ihren Willen belehren zu wollen. Andere nicht zu bewerten und zu verurteilen. Die Einsicht ist die, dass jeder seine Zeitlichkeit und sein Gesetz in sich trägt, und dass es allein seine Sache ist, sein Leben zu gestalten.

Anders verhält es sich mit dem Hilfesuchenden, er soll Unterstützung erfahren.

Wer sich auf den Weg macht, wird alle Einsicht in sich selbst finden.

Zum Abschluss nochmals Goethe:

"Gleich sei keiner dem Andern,
doch gleich sei jeder dem Höchsten.
Wie das zu machen?
Es sei ein jeder vollendet in sich."

Das Abendmahl

Wie Leonardo da Vinci, der von 1510 - 1519. als Großmeister der "Prieure De Sion" eingetragen war, seine Kenntnisse der 12 Sternbilder darstellt zeigt sein Abendmahl:

Er eröffnet den Tierkreis ganz rechts mit dem Jünger Simon, dem er das Sternbild des Zeichens Widder zuordnet. Erkennbar an den hohen Backenknochen und der Gestik der Hände, die die vorwärtsdrängende Art des Widders symbolisieren.

Danach folgt der Jünger Thaddäus, der das Zeichen des Stiers symbolisiert, erkennbar an der starken Halspartie und der Gestik der Hand, die das "ich will haben" symbolisiert.

Weiter folgt der Jünger Matthäus, als Symbol für das Sternbild der Zwillinge, erkennbar durch die nach rechts schwingenden Hände und den in die entgegengesetzte Richtung blickenden Kopf, mit der er die nervöse

Beweglichkeit des Zwillinges darstellt, sowie die diesem Zeichen zugeordnete Polarität.

Der zart sensibel wirkende Phillippus, richtet seine Hände wie eine Schale um sich, welches das Schutzbedürfnis des Krebses symbolisiert.

Dann folgt der extrovertierte Löwe Jacobus der Ältere, der mit einer Selbstverständlichkeit und Selbstsicherheit die Frage, wer Jesus verraten wird, ablehnt, durch die weit geöffneten Arme symbolisiert.

Zuletzt schließt er den ersten Halbkreis mit dem Zeichen der Jungfrau; dargestellt durch den ungläubigen Thomas, dessen kritische Haltung durch den erhobenen Zeigefinger ausgedrückt wird.

Der zweite Halbkreis beginnt mit dem Zeichen der Waage, der feminin wirkende Jünger Johannes, der das Sinnbild der Harmonie und Liebe verkörpert, als Lieblingsjünger Jesu, steht für dieses Zeichen.

Danach folgt der dunkle Jünger Judas, dessen rechte Hand die 30 Silberlinge umfasst und der das Zeichen des Skorpions verkörpert.

Weiter geht es mit dem vorwärtsdrängenden Hitzkopf Petrus, der dem Zeichen des Schützen zugeordnet wird.

Dann folgt der griesgrämig sich abgrenzende Jünger Andreas, der die typische Steinbockhaltung einnimmt.

Jacobus der Jüngere, der mit seinen Händen Andreas und Petrus freundschaftlich berührt, gibt Ausdruck für die brüderliche Verbundenheit des Zeichen Wassermann.

Der Tierkreis endet dann mit dem Jünger Bartholomäus, der in Ruhe und Gelassenheit die Tafel überblickt und bei dem als einziger Füße und Hände sichtbar sind, als Symbol des Zeichen der Fische.

Literatur

A. Adler: "Studie über die Minderwertigkeit der Organe", Berlin, 1907

O. Adler: "Das Testament der Astrologie", Hugendubel, 1991

Th. W. Adorno: "Der Positivismusstreit in der deutschen Soziologie"

Aristoteles: "Rhetorik", Fink-Verlag, 1989 -"Nikomachische Ethik", Meiner-Verlag, 1985

Akademie der Wissenschaften zu Berlin: "Einheit, Interdisziplinarität", de Gruyter, 1991

K-O Apel: "Transformation der Philosophie", Suhrkamp, 1976

St. Arroyo: "Astrologie und die vier Elemente", Hugendubel
-
"Astrologie, Karma und Transformation", Hugendubel

S. Aurobindo; "Zyklus der menschlichen Entwicklung", Mirapuri-Verlag, 1983

A. Bailey : "Esoterische Astrologie", Rohm-Verlag,, 1970

P. Barth: "Philosophie der Geschichte als Soziologie I", 2. Auflage, Leipzig, 1915

M.Bermann: "Wiederverzauberung der Welt", Dianus Trikont Verlag, 1984

Berger-Luckmann: "Die gesellschaftliche Konstruktion der Wirklichkeit" Fischer, 1970

L. Binswanger: "Grundformen und Erkenntnis menschlichen Daseins", Zürich,1953

R. Carnap: "Der logische Aufbau der Welt", Weltkreis-Verlag , 1928

C.Castaneda: "Die Lehren des Don Juan", Bd.1-6, Fischer, 1973

A. Comte: "Die Soziologie", Kröner-Verlag, 1974

W. Dilthey: "Der Aufbau der geschichtlichen Welt"
W. Döbereiner: "Münchner Rhythmenlehre - Bd. r-2r,
Hugendubel-Verlag, 1987

Dörner/Plog : "Irren ist menschlich", Psychatrie-Verlag, I
980
G-K Dürkheim: "Vom doppelten Ursprung des Menschen",
Herder-Verlag, 1973

T. S. Eberle : " Sinnkonstitution in Alltag und Wissenschaft",
Haupt-Verlag, 1984

H .Edwards: "Praxis der Geistheilung", Bauer-Verlag, 1984
M. Eckehart: "Deutsche Predikten und Traktate", Diogenes,
1979
R. Eichelbeck: "Wunder, Wende, Wassermann", Spectrum-
Verlag, 1990
H.J. Eichstaed: "Der lebendige Kosmos", Aurum-Verlag,
1987
E. Erikson: "Jugend und Krise", Ullstein-Verlag
P.Feyerabend: "Erkenntnis für freie Menschen", Suhrkamp,
1979
V.E. Frankl: "Ärztliche Seelsorge" Fischer, 1987
S. Freud: "Studien über Hysterie", Fischer, 1970,
Werkausgabe in 2Bd.
Fischer, 1978, "Die Traumdeutung", Fischer Bd. 6344
E. Fromm: "Psychoanalyse und Ethik", Deutsche
Verlagsanstalt, 1982
"Furcht vor Freiheit", Europäische Verlagsanstalt, 1966
"Die Revolution der Hoffnung", Klett-Verlag, l97l
"Ihr werdet sein wie Gott", Rohwolt, 1985
"Die Seele des Menschen", Ullstein, 1981

H. G. Gadamer/ G. Boehm: "Philosophische Hermeneutik",
Suhrkamp, 1979
E. Goffman: "Stigma", Suhrkamp, 1980,
"Wir alle spielen Theater", Piper & Co., 1980
L. Green: "Jenseits von Saturn", Hugendubel, 1982
J. Green: "Pluto", Hugendubel, 1988
W. Helsper: " Selbstkrise und IndividuationsProzess",
Westdeutscher Verlag, 1989

M. Heidegger: "Sein und Zeit", Niemeyer, 1979
S. O. Hoffmann: "Charakter und Neurose", Suhrkamp, 1979
A. Horkheimer: "Dialektik und Aufklärung", Fischer, 1968
M. Horkheimer: "Traditionelle und kritische Theorie",
Fischer, 1968

E. Husserl: "Die Krisis der Europäischen Wissenschaften
und die transzendentale Phänomenologie", Husserliana,
Bd. 6, 1954
"Theorie der Phänomenologischen Reduktion",
Husserliana, Bd. 8, 1959
"Phänomenologische Psychologie", Husserliana, Bd. 8,
1959
"Zur Philosophie der Intersubjektivität", Husserliana, Bd.
13, 1973
W.James: "Principles of Psychologie", New York, Holt, 1907
C.G.Jung: "Gesammelte Werke", l8 Bd., Walter, Zürich-
Olten, 1958-1977

I. Kant: "Kritik der reinen Vernunft", Reclam jun., 1781
O.F. Kernberg : "Borderline-Störungen und pathologischer
Narzissmus ",
Suhrkamp, 1980

L. Krappmann: "Soziologische Dimension der Identität",
Klett, 1973
R. Laing: "Phänomenologie der Erfahrung", Suhrkamp,
1969
"Das geteilte Selbst", Rohwohlt, 197 6
J. Lorber: "Das Johannes Evangelium", Bd. 1-11, Lorber
Verlag, 1983
"Die geistige Sonne, Bd. 1-2,Lorber Verlag, 1976
"Die natürliche Sonne", Lorber Verlag, 1980
A. Lowen: "Bioenergetik", Scherz, 1975
M. Lurker: "Wörterbuch der Symbolik", Kröner, 1988
H. Marcuse: "Der eindimensionale Mensch", Luchterhand,
1980
H. G. Mead: "Geist, Identität und Gesellschaft", Suhrkamp
Platon: "Sämtliche Werke", Bd. l-6, Rowohlt, 1987
F. Perls: "Gestalt-Therapie in Aktion", Klett, 1975
W. Reich: "Der Christusmord", Walter-Verlag, 1978
H. E. Richter: "Patient Familie", Rowohlt, 1970
"Eltern, Kind und Neurose", Rowohlt
"Flüchten oder Standhalten"

F. Riemann : "Lebenshilfe Astrologie ", Pfeiffer-Verlag
Th. Ring: "Astrologische Menschenkunde", Bd. I - 4, Bauer-
Verlag, 1985
M. Sader: "Psychologie der Persönlichkeit", Juventa, 1980
M. Scheler: " Schriften zur Soziologie und
Weltanschauungslehre", 2. Auflage, 1963
W. Schraml: "Das psychodiagnostische Gespräch", Fischer,
1988
A. Schütz: "Der sinnhafte Aufbau der sozialen Welt",
Suhrkamp, 1981
A. Schult: "Astrosophie", Bd. I -2, Turm-Verlag, 1986
L. Szondi: "Schicksalanalytische Therapie", Huber, 1963

P. Watzlawick: "Menschliche Kommunikation", Huber, I 985
P. Yogananda: "Autobiograpie eines Yogi", O. W. Barth-
Verlag

Fußnoten

1) Paul Feyerabend: "Erkenntnis für freie Menschen""",
Suhrkamp, 1980
2) vgl. Lorenzer 1977b;5.2O6
3) "Frankfurter Schule"
4) A. Comte: "Die Soziologie", S.2
5) A Comte: "Die Soziologie", S.440
6) P. Barth, "Philosophie der Geschichte als Soziologie I,
1915
7) ebenda, S.196
8) M. Scheler, "Schriften zur Soziologie und
Weltanschauungslehre"
9) ebenda, S.30
10) Dilthey. 1924,s.144
11) Epistemologie (griech.): "Wissenschaftslehre",
Erkenntnistheorie
12) Th. S. Eberle, Sinnkonstitution, 1984, S. 100
13) Th.S.Eberle, 1984, S.102
14) Rickert, 1921, S.63
15) O.Neurath: "Empirische Soziologie", 1931
16) H.Marcuse: Der eindimensionaleMensch, 1980
17) J.B.Watson, aus Merton & Fuchs,1978, S.27
18) Th.S.Eberle, 1984, S.191
19) Erschienen 1894
20) nach: U.H.Peters, 1990, S. 351
21) 1929
22) Phylogenese (griech.): Stammesentwicklung (einer Tier-
oder Pflanzengattung)
23) vgl. M.Lurker, 1988, S.698
24) Thomas Ring: "Astrologische Menschenkunde", 1985,
Bd. IV., S.VII
25) O.Neurath: "Empirische Soziologie", 1931

26) R. Descartes, "Die Prinzipien der Philosophie,, 1644
27) ders.: "Über den Menschen", 1662
28) Paul Watzlawick: "Menschliche Kommunikation", 1985
29) Battegay/Rauchfleisch (Hrsg.): "Handwörterbuch der Psychiatrie", S. 440
30) Psychodrama, Gestalttherapie, Rollenspiele, Gesprächstherapie etc.
31) nach Karlfried Graf Dürckheim: ,Vom doppelten Ursprung des Menschen", 1973
32) Thomas Ring: "Astrologische Menschenkunde", 1985, Bd. I, S.4
33) Ingrid Riedel: 'Farben in Religion, Gesellschaft und Psychotherapie"
34) Dieser sozialpsychologische Prozess ist von Alfred Schütz in seinem "Sinnhaften Aufbau der sozialen Welt" hervorragend dargestellt
35) Martin Heidegger: "Sein und Zeit", 1979,5.29
36) Walter J. Schraml: "Das diagnostische Gespräch", 1988
37) vgl. dazu: George Herbert Mead: "Geist, Identität und Gesellschaft, 1968
38) Karlfried Graf Dürckheim: "Vom doppelten Ursprung des Menschen", 1973
39) Sigmund Freud Werkausgabe, 1978, 8d.2, S.13
40) Thomas Ring: "Astrologische Menschenkunde., 1985
41) nach Th. Ring
42) nach Karlfried Graf Dürckheim: "Vom doppelten Ursprung des Menschen", 1973
43) Dr. Walter Koch: "Aspektenlehre des Johannes Kepler", Rohm-Verlag, S.7
44) Th. Ring:)Astrologische Menschenkunde", 1985, Bd. III
45) Karlfried Graf Dürckheim: "Alltag als Übung", 1991
46) vgl. Karlfried Graf Dürckheim: ,Alltag des Übung", 1991
47) U. H. Peters: Wörterbuch der Psychatrie, 5.526

48) I. Kant: "Gesammelte Werke., Bd.VI, S.626
49) Th. Ring: "Astrologische Menschenkunde", 1985, Bd.II
50) nach Th. Ring
51) Man spricht hier von "Don-Juanismus"
52) Nach Husserl
53) Nach Freud
54) Begründet von Placidus
55) Sinn stammt von dem Indogermanischen "sent", was so viel bedeutet wie "gehen", "reisen" "eine Richtung nehmen". Sinndeutung kann mit "welche Richtung nimmt die Lebensreise" übersetzt werden
56) Empfohlen sei dem Interessierten die Zusammenfassung von S. O. Hoffmann: "Charakter und Neurose", Suhrkamp, 1984
57) Wilhelm Reich: "Charakteranalyse", 1933, S.16
58) M. Bouvet, 1955
59) Ludwig Binswanger: "Grundformen und Erkenntnis menschlichen Daseins, Zürich 1953
60) vgl. Heidegger: "Sein und Zeit", 1979,5.48
6l) ebenda, S.7
62) vgl. Heidegger: "Sein und Zeit", 1979,5.15
63) ebenda, S.53
64) ebenda, S.54
65) ebenda, 5.62
66) M. Heidegger: "Sein und Zeit", 1979, S. 133
67) ebenda, S.134
68) ebenda, S.135
69) M. Heidegger: "Sein und Zeit", 1979, S. 139
70) ebenda, S.137
71) M. Heidegger: "Sein und Zeit", 1979, S. 146
72) ebenda, S.146
73) ebenda, S.160
74) Aus den Werken von Arthur Schult, Riemann, Ring

75) Goethe

76) Th. Ring

77) Jung hatte Aszendent Wassermann

78) E. Erikson: "Jugend und Krise", S. 18

79) W. James: "Letters", l920,Bd.I

80) F. Riemann: "Lebenshilfe Astrologie", S. 109

81) F. Riemann: "Lebenshilfe Astrologie", S. 128

82) Th. Ring: "Astrologische Menschenkunde", Bd.II, 1985, S.326

83) ebenda, Bd.III, S.18

84) Freud Werke, Bd.XVI, S.57-99

85) Rauchfleisch, ... Handbuch der Psychatrie,454 ff.

86) M. Sader, Grundfragen der Psychologie, 1980 S.87ff.

87) E. Erikson, 1981, S.20

88) E. Erikson, 1981, S.20

89) Goethe

90) Hier liegt ganz nebenbei auch die Quelle des Faschismus. Vgl. W.Reich, 1981

91) Griech.: "crisis": Wendepunkt, einen neuen Weg einschlagen